Die unwiderstehliche Anziehungskraft des GÖTTLICHEN

Swami Amritaswarupananda Puri

Mata Amritanandamayi Center
San Ramon, California, Vereinigte Staaten

Die unwiderstehliche Anziehungskraft des Göttlichen

Von Swami Amritaswarupananda Puri

Herausgegeben von:
Mata Amritanandamayi Center
P.O. Box 613, San Ramon,
CA 94583-0613 Vereinigte Staaten

In Deutschland: www.amma.de

In der Schweiz: www.amma-schweiz.ch

In Indien: www.amritapuri.org
        inform@amritapuri.org

Im vorliegenden Buch möchten wir so nahe wie möglich an den ursprünglichen spirituellen Lehren bleiben. Dafür wird, sofern möglich, eine sprachlich etablierte geschlechtsneutrale Formulierung genutzt. Wo dies nicht der Fall ist, wird zur besseren Verständlichkeit das generische Maskulinum verwendet. Auch in diesem Fall sind jedoch Personen mit allen, inkl. non-binären, Geschlechtsidentitäten immer ausdrücklich mitgemeint und angesprochen.

INHALT

DEDICATION

*dhyāyāmaḥ suvibhātabhānuvadanām
sāndrāvabōdhātmikām
tattvajñānavibhūṣitāmabhayadām
tacchabdavidyōtikām
mandasmērasubhāṣitairnatikṛtām
sarvārtividdvamsikām
brahmānandaparāyaṇāmatulitā-
mambāmṛtākhyām parām*

Wir meditieren über Amma, deren Gesicht so
strahlend ist wie die aufgehende Sonne,
die das reines Bewusstsein verkörpert,
die geschmückt dem Juwel der spirituellen
Weisheit, den Devotees Zuflucht gewährt,
die in den Herzen der Schüler
das Wissen um das Höchste entfacht,
die mit ihrem süßen Lächeln
und ihren lieblichen Worten
die Sorgen der Bedrängten lindert,
die immer in Brahman,
dem Höchsten verwurzelt ist,
die unvergleichlich ist und
die unter dem Namen Amrita bekannt ist.

ōm prēmāmṛtānandamayyai
nityam namō namaḥ

EINLEITUNG

Nichts auf der Welt ist so unwiderstehlich und anziehend, wie Liebe. Liebe ist ein Gefühl, das allen Lebewesen gleichermaßen innewohnt. Die Kraft der Liebe hat die gesamte Menschheit gemeinsam, unabhängig von Herkunft, Nationalität, Sprache oder sozialer Stellung, vielleicht teilen wir sie sogar mit der gesamten Schöpfung.

Obwohl die Energie der Liebe immer dieselbe ist, drückt sie sich je nach *Samskara* (den latenten Tendenzen) der Menschen unterschiedlich aus. Amma beschreibt es so: „Für einen Wissenschaftler bedeutet Liebe Protonen und Neutronen. Ein Dichter oder Redner empfindet Worte als Liebe, während für manch einen Essen die Liebe ist. Im Allgemeinen empfindet jeder Liebe für die ihm nahestehenden und lieben Menschen. Für einen Künstler sind Farben Liebe. Ein Baby liebt seine Mutter, und für eine Honigbiene sind Blumen Liebe. Für einen Devotee ist Gott Liebe. Ähnlich ist für einen Schüler sein Guru die Liebe.“

Der Mensch gilt als das am höchsten entwickelte Lebewesen auf der Erde. Als solches sollten wir Liebe nicht nur körperlich und emotional ausdrücken, sondern sie auch auf ein höheres Ziel lenken und uns auf dieses Ziel zu bewegen. Was könnte dieses Ziel sein? Die wahre Realität unserer Existenz zu erkennen, den Stoff, aus dem wir gemacht sind.

Hier möchte ich Amma zitieren. Sie sagt: „Liebe ist die einzige Sprache, die jeder versteht. Sogar Pflanzen, Tiere und unbelebte Dinge verstehen sie. Sie ist eine universelle Sprache. Liebe bewirkt die tiefste Reinigung. Sie ist die stärkste Kraft für Veränderung."

In Amritapuri leben zwei Hunde: Tumban und Bhakti, ein Männchen und ein Weibchen. Sie wurden als Welpen von der Straße geholt. Wenn überhaupt jemand absolute körperliche Freiheit im Ashram genießt, dann sind es diese beiden Hunde. Sie dürfen überall hin, sogar in Ammas Zimmer, auf ihr Bett und auf die *Darshan*-Bühne. Niemand stellt ihre Autorität in Frage. Sie haben eine ganz besondere Verbindung zu Amma. Wie sie sich in Ammas Nähe verhalten, Ammas Liebe und Fürsorge für sie, das alles hat etwas geradezu unfassbares an sich und gleichzeitig ist es so offensichtlich. Wenn man die beiden beobachtet, fragt man sich unweigerlich: „Wer sind diese Hunde?"

Tumban und Bhakti gehen jeden Morgen zum *Archana* (Rezitieren des *Sri Lalita Sahasranama*, der 1000 Namen der Göttin *Lalita Parameswari*, gefolgt vom Singen des *Mahishasura Mardini Stotram*) und nehmen allabendlichen zusammen mit den anderen, menschlichen *Ashrambewohnern* am *Bhajansingen* teil. Wenn Amma singt, achtet sie darauf, dass auf der Seite von ihrem *Peetham* (Sitz) ausreichend Platz ist, damit sich Tumban dort noch bequem hinlegen kann. Während Tumban den Sitz mit Amma teilt, kriecht Bhakti darunter. Bhakti würde sich niemals mit auf den *Peetham* setzen, selbst dann nicht wenn dort noch genug Platz wäre, oder Tumban mal nicht da ist...!

Was noch in der Beziehung der beiden Hunde mit Amma auffällt, ist ihr großes Verlangen nach Ammas Liebe und Zuwendung. Bei Tumban ist das ganz besonders gut zu beobachten. Er macht oft darauf aufmerksam, dass er Zuneigung möchte. Bei jeder Gelegenheit nähert er sich Amma und will gestreichelt werden. Hier eine kurze

Beschreibung, wie das aussieht: Tumban hebt sein Vorderbein und berührt sanft Ammas Hand oder hebt ihre Hand mit seiner Pfote hoch, um ihr so zu zeigen, dass sie seinen Kopf streicheln soll. Natürlich kommt Amma Tumbans Bitte immer nach. Sobald sie aufhört, wiederholt er dieselben Gesten. Was ich damit sagen will: sogar Tiere und Pflanzen reagieren auf wahre Liebe.

Liebe ist wie Alchemie. Sie hat die Macht, alles zu transformieren. Sie gibt sogar unbelebten Objekten Individualität. Amma sagt: „Wir geben unseren Hunden und Katzen Namen. Allein der Name bewirkt eine große Veränderung. Unsere Wahrnehmung verändert sich. Das Tier oder der Vogel wird plötzlich zu einem Individuum. Sie bekommen eine Persönlichkeit." Die Liebe in uns ist die Kraft, die dem Haustier eine Identität verleiht und es zu einem von uns geschätzten Wesen erhebt. Der Hund, die Katze oder der Vogel durchlaufen in unserem *Mind* [1] eine Verwandlung,

---

[1] *Mind* = der Fluss, all unserer Gedanken, Gefühle, Konzepte, innewohnenden Neigungen und Überzeugungen und Angewohnheiten, der mit dem Pendel einer Uhr verglichen werden kann. Wie das Pendel einer Uhr schwingt der Mind ununterbrochen von Glück zu Leid und wieder zurück.

obwohl sie bis vor ein paar Minuten nur eines von Hunderten von Haustieren in einer beliebigen Tierhandlung oder einem Tierheim waren! Dies ist ein wahres Wunder.

Jeder Baum in Ammas Aschram in San Ramon, Kalifornien, erhält einen Namen. Durch den Namen bekommt der Baum einen besonderen Status und eine Veränderung findet in unserer Wahrnehmung statt, sowohl bei den Menschen, die dort leben, wie auch bei den *Devotees*, die zu Besuch kommen. Kinder geben ihren Spielsachen, ihren Barbiepuppen, ihren Teddybären usw. einen Namen. Sobald eine Puppe einen Namen bekommen hat, ist sie kein einfaches Objekt mehr. Für die Kinder wird die Puppe lebendig. Plötzlich hat sie Gefühle, Hunger, Durst, muss schlafen usw. Die Kinder behandeln die Puppe als wäre sie ein lebendiges Wesen.

Ein spontanes Verlangen, Liebe zu empfinden, Liebe auszudrücken und Liebe zu sein, ist Kindern, Erwachsenen, Tieren und Pflanzen angeboren (auch wenn es bei Pflanzen nicht so offensichtlich ist).

Liebe ist für uns so wichtig wie die Luft zum Atmen. Sie ist für unser Wohlbefinden unabdingbar. Nein, sie ist sogar noch viel mehr. Sie ist die Grundlage unseres wahren Seins, unsere Essenz, das eigentliche Wesen unserer Existenz. Liebe ist die reinste Form von Energie. Eine unerschöpfliche Quelle dieser Energie liegt in unserem Inneren. Wenn wir beginnen tiefer und tiefer in diese Quelle der Liebe einzutauchen, werden sich geheime Kammern in unserem Herzen öffnen. Je mehr sich unser Herz mit Liebe füllt, desto mehr wundersame Ereignisse werden in unserem Leben geschehen. Wir nennen diese Ereignisse dann „Wunder", „erstaunliche Erlebnisse" oder „unglaubliche Taten".

Egal welche Bezeichnung wir verwenden, Tatsache ist, dass die Liebe uns näher zu unserem Selbst, näher zu Gott und näher zur Schöpfung bringt. Wenn wir uns in die Schöpfung als solche verlieben, wird sie sich in uns verlieben. Mit der Zeit wächst dieses Verliebtsein zu einer unglaublichen Liebesbeziehung heran. Sie wird zu einer innigen Umarmung, in der schließlich die Liebenden miteinander verschmelzen. Diese Liebesbeziehung ist der Beginn einer unerschöpflichen Einheit ewigen gegenseitigen Teilens.

Wenn die Liebe in uns erwacht und sich in uns voll entfaltet, sind wir automatisch in Einklang mit dem Universum. Viele der bedeutenden Wissenschaftler der Vergangenheit wie auch der Gegenwart, betrachten das Universum voller Bewunderung. Sie betrachten mit ehrfürchtigem Staunen das Universum. Es ist diese Liebe, die sie dazu inspiriert, die Geheimnisse des Universums zu erforschen. Der bedeutende Wissenschaftler Carl Sagan bemerkte einst: „Für kleine Lebewesen wie uns ist eine solche Weite allein durch Liebe erträglich."

In Amma können wir eine ganz andere Dimension der Liebe sehen. Sie hat sie in den Zustand der Transzendenz erhoben, jenseits aller Beschränkungen. Amma ist ein „*Brahmavid*", jemand der das absolute Bewusstsein erreicht hat und in ihm lebt. Ein Bewusstsein, in dem Wissen und Sein eins sind. Amma ist hier, um anderen zu helfen, die auf der Suche nach der endgültigen Wahrheit sind, während sie selbst sich ständig im Zustand von *Sahaja Samadhi* (der höchsten spirituellen Verwirklichung) befindend. In Amma können wir die unermessliche Tiefe und die erstaunliche Ausdehnung der höchsten Liebe sehen.

Obwohl wir Amma dabei beobachtet können, wie sie immerzu beschäftigt ist, sei es mit der Leitung der Amrita Universität mit ihren acht Campus, der Beratung von Studenten oder Fakultäten, bezüglich wissenschaftlicher Forschung, der Organisation von Patenschaften für Dörfer in Indien und die Unterstützung der Dorfbewohner auf dem Weg zur nachhaltigen Entwicklung oder mit dem täglichen *Darshan*, den sie Abertausenden Menschen schenkt, so ist sie gleichzeitig ununterbrochen eins mit der göttlichen Wirklichkeit. Sie ist immer friedlich und glückselig in allem, was sie tut.

Beschließt ein *Brahmavid* aus seinem unendlichen Mitgefühl für die Menschheit heraus, in der Welt zu leben, wird er von einer unwiderstehlichen göttlichen Anziehungskraft umgeben sein. Nichts - weder menschliche noch übernatürliche Kräfte - können dieser bezaubernden Kraft eines *Satgurus*, eines selbstverwirklichten spirituellen Meisters, etwas entgegensetzen. Aus reinem Mitgefühl hilft er den Menschen, den Ozean des Leidens zu überqueren. Die Kraft, die von ihm ausgeht, ist wie die Erdanziehungskraft. Alles wird von ihm angezogen.

Ein *Satguru* wirkt wie ein Vergrößerungsglas. Halten wir uns in seiner Nähe auf, werden unsere kleinsten negativen Eigenschaften verstärkt. Vor einem *Guru* kann man absolut nichts geheim halten. Die Atmosphäre in der Gegenwart eines *Gurus* ist die beste Umgebung für einen *Sadhak*, einen spirituell Suchenden, der keinen größeren Wunsch hegt, als Gott in sich selbst zu finden und die unbekannte Welt der Spiritualität zu erkunden. Wie eine hervorragende Reiseführerin wird Amma uns auf unserer Reise begleiten. Auf dieser Reise ist sie unsere einzige Begleiterin. Der ununterbrochene Strom ihrer reinen, mütterlichen Liebe, die unendliche Weisheit, die sie uns anbietet, die Tiefe ihres Wissens und ihre, durch ihre eigene Verwirklichung erreichte, göttliche Schönheit machen diese Reise zu einem einzigen Fest. Gleichzeitig lehrt uns Amma Disziplin. Sie tut dies mit der tiefen Zuneigung eines wirklich guten Elternteils. Sie hilft uns, über unsere niederen Tendenzen (*Vasanas*) hinauszuwachsen, damit sie uns nicht weiter auf unserem Weg behindern.

Der erste Schritt dieser Reise besteht darin, die in uns schlummernde Liebe zu wecken. Hat Amma das Feuer der Liebe einmal in uns entfacht, sorgt sie fortan dafür, dass diese Flamme nicht mehr erlischt. In dem strahlenden Licht dieser Liebe durchlaufen wir einen Reinigungsprozess. Je reiner die Liebe in uns wird, desto höher steigen wir in unserem Bewusstsein auf. Unser inneres Potenzial erwacht und wir erfahren bisher unbekannte Bereiche der Wirklichkeit.

Die Verbindung zwischen einem *Guru* und seinem Schüler ist die seltenste aller Beziehungen. Man kann sie nur mit Geschichten, persönlichen Erfahrungen, Zitaten aus heiligen Schriften oder ähnlichem beschreiben. Genau darum soll es in diesem Buch gehen. Es ist eine Zusammenstellung und Bearbeitung, einiger meiner öffentlichen Vorträge und Artikel.

Zu den wichtigsten Punkten, die in den einzelnen Essays erörtert werden, gehören: der *Satguru* und die Allgemeingültigkeit des *Guru*-Prinzips, das allumfassende Wesen des *Gurus*, warum der *Satguru* und Gott dasselbe sind, die Einzigartigkeit der *Guru*-Schüler-Beziehung, die Bedeutung unschuldiger Liebe, Gottes Gnade, die unwiderstehliche Anziehungskraft des Gurus und andere spirituelle Themen.

Wenn dieses Buch in den Köpfen der Leser Funken entfacht, weiß ich, dass ich mich glücklich schätzen kann. Am wichtigsten ist aber: Jedes Wort in diesem Buch, jede einzelne Begebenheit ist ein kleiner Widerschein von meinem *Satguru* Amma in mir selbst. Was ich heute bin, wenn ich überhaupt etwas erreicht habe, verdanke ich nur Ammas unendlicher Gnade und Führung. Ohne sie bin ich nichts.

Diese Einleitung wäre ohne eine Erwähnung Snehas (Karen Moawad) unvollständig. Sie hat mich bei der Bearbeitung dieses Buches aufrichtig und selbstlos unterstützt. Von ihrer Liebe und Hingabe an Amma inspiriert, hat sie diesem Projekt sehr viel ihrer Zeit und Energie geschenkt. Mir fehlen die Worte, um ihr gegenüber meine Dankbarkeit angemessen auszudrücken.

Abschließend möchte ich Indiens verstorbenen Präsidenten, APJ Abdul Kalam, zitieren, der nicht nur ein bedeutender Wissenschaftler, sondern auch ein herausragender Mensch war. Er sagte: „Wenn Gott dich an den Rand eines Abgrunds voller Schwierigkeiten drängt, habe volles Vertrauen in ihn. Denn es können nur zwei Dinge geschehen. Entweder fängt er dich auf, wenn du fällst, oder er bringt dir bei, wie man fliegt." Amma lehrt uns nicht nur, wie man hoch in den Himmel des göttlichen Bewusstseins aufsteigt, sondern auch, wie man mit ihm eins wird.

Swami Amritaswarupananda Puri
Mata Amritanandamayi Math
Amritapuri. Kollam, Kerala
Indien

1 AMMAS SANKALPA

Viele Menschen schütten während des Darshans Amma ihr Herz aus. Amma hört sich ihre Sorgen an und flüstert ihnen gleichzeitig liebevoll ins Ohr: *„Makkale, Amma Sankalpikkam"* („Kinder, Amma wird einen *Sankalpa* (göttlichen Entschluss) fassen"). Nicht nur *Devotees* aus Indien, sondern auch aus der ganzen Welt ist dieser Satz vertraut. Viele von ihnen fragen nach ihrem *Darshan*: „Amma sagte, dass sie einen Entschluss fassen wird. Was bedeutet das? Wird sie jetzt ‚denken' oder wird sie für uns ‚beten'?""

Bevor diese Frage beantwortet wird, ist es gut, sich zu verdeutlichen, dass im Sanatana-Dharma normalerweise zum höchsten absoluten Gott, *Brahman*, oder zu drei seiner Erscheinungsformen gebetet wird: *Brahma*, dem Gott der Schöpfung, *Vishnu*, dem Gott der Erhaltung, und *Shiva*, dem Gott der Zerstörung (damit der Schöpfungszyklus von neuem beginnen kann). Oder sie beten zu den Inkarnationen *Vishnus*, *Rama* und *Krishna*, oder zu anderen Gottheiten wie zum Beispiel Amma. Wenn verwirklichte Wesen das Wort „*Sankalpa*" benutzen, ist das kein bloßer „Gedanke". Es ist

auch kein „Gebet“, so wie wir es uns normalerweise vorstellen. Ein *„Sankalpa“* ist eine sehr subtile und daher sehr kraftvolle Absicht, die nur ein verwirklichter Meister durch die Ausübung seiner oder ihrer *Iccha Sakti* manifestieren kann. *Iccha Sakti* ist die Kraft durch reinen Willen, eine bestimmte schädliche Situation zu kontrollieren, aufzulösen oder zu beseitigen oder eine positive Veränderung zu schaffen. Nur ein erleuchtetes Wesen, das alle Vorlieben und Abneigungen hinter sich gelassen hat, und eins mit dem Ganzen ist, ist dazu in der Lage.

In der Brihadaranyaka Upanishad heißt es:

sō'kāmayata dvitīyō ma ātmā jāyētēti
Er hat gewollt, oder Gott hat gewollt, ich möge ein zweites Ich haben. (1.2.4)

So wurde die Schöpfung, die Welt, die wir sehen, erschaffen. Die Welt ist wie die Kleidung des Höchsten Wesens. Daher wird sie auch „zweites Selbst“ genannt. Die *Upanischaden* sprechen wegen der unzähligen Namen und Formen, die wir in der Welt sehen, vom „zweitem Selbst“. Durch sie kommt es zu einer gewissen „Andersartigkeit“ dieser Welt. Der Verweis auf das „zweite Selbst“

zeigt außerdem, dass die Welt nicht die Wahrheit ist, sondern nur eine Spiegelung von ihr.

Jemand, der die Einheit, das ultimative Geheimnis hinter der Welt mit ihren vielfältigen Namen und Formen, erkannt hat, wird durch sein Wissen befähigt, die fünf Elemente zu kontrollieren. Obwohl solche Menschen die Kontrolle über die grundlegenden Bausteine des gesamten Universums haben, werden sie ihre Kräfte nicht dazu nutzen, die bestehenden Gesetze des Universums zu stören. Mit anderen Worten: Der Wille einer verwirklichten Seele und der Wille des Universums sind eins und in perfekter Harmonie miteinander. Ein verwirklichter Meister ist auch ein Trikala Jnani, jemand, der alle drei Zeiten (Vergangenheit, Gegenwart und Zukunft) kennt. Er oder sie kann mit Leichtigkeit reine Energie auf alles – auf Lebewesen wie auch auf leblose Materie - übertragen, um sie dadurch zu erheben oder spirituelle und materielle Wünsche und Ziele zu erfüllen, allerdings nur solange diese Wünsche niemandem schaden oder selbstsüchtig sind. Ein Sankalpa entspringt also dem innersten Wesen eines vollkommenen Meisters, eines Satgurus. Gleichzeitig muss der Empfänger eines Sankalpas auch qualifiziert dafür sein, diese göttliche Energie in seiner Reinheit zu empfangen und zu erhalten.

Diese Art der Übertragung von Energie wird „*Sankalpa*" genannt. Die Kraft dahinter ist viel stärker als Materie. Sie ist so stark, dass sogar unmögliche Dinge möglich werden. Man könnte einen Sankalpa vielleicht als einen „Befehl des ultimativen Herrschers über die Elemente" verstehen. Doch sollte man dies nicht als den einzigen Zweck eines selbstverwirklichten Meisters interpretieren. Auch sollte man bedenken, dass für die Entstehung eines *Sankalpas* zahlreiche Faktoren eine Rolle spielen, die meisten davon unsichtbar und jenseits unseres Verständnisses.

Es ist sehr schwierig, den *Sankalpa* einer großen Meisterin wie Amma wirklich zu beschreiben. Es ist eine Offenbarung, ein gesegneter Moment, eine Situation, die sich ereignet und vielleicht durch eine freudige und glückselige Erfahrung ausgelöst wurde. Dem Guru ist es möglich solche Momente zu schenken, weil er das Herz des *Devotees* und die Feinheiten seines *Dharmas* und *Karmas* (d.h. seiner Natur sowohl aus materieller als auch aus spiritueller Sicht) kennt.

Man könnte es vielleicht als einen Prozess beschreiben, bei dem der *Guru* einen Teil Gottes, einen Teil seiner eigenen unendlichen Energie, auf den *Devotee* oder Schüler überträgt, so dass dieser diese Energie wie in einem Mutterleib nähren, darüber meditieren und allmählich Erfüllung finden kann.

Wenn Amma sagt, dass sie einen Entschluss fassen wird, bedeutet das auch, dass sie in vollem Wissen um den Rhythmus, die kosmische Ordnung, handeln wird. Im Wesentlichen manifestiert sich das *Sankalpa* eines *Mahatmas*, eines vollkommenen Meisters, eines *Satgurus* jenseits des menschlichen Verständnisses, als eine inspirierende, kraftvolle Erfahrung.

An dieser Stelle möchte ich von einer Begebenheit erzählen:

Vor dreiunddreißig Jahren, oder genauer im September 1986, feierten wir in dem alten Tempel, der als *Kalari* bekannt ist, zusammen mit einer kleinen Gruppe von *Brahmacharis* und *Devotees* Ammas 33. Geburtstag. Amma war zu diesem Zeitpunkt noch nie außerhalb Indiens gewesen, hatte aber vor kurzem eine Einladung von *Devotees* aus den USA erhalten, Amerika zu besuchen. Sie nahm die Einladung an und betraute Kusumam (Gretchen McGregor) mit der Organisation aller Programme, die in Amerika stattfinden sollten.

Am Vorabend ihrer Abreise in die USA verneigte sich Kusumam vor Amma und bat sie um ihren Segen. Amma umarmte sie liebevoll und sagte: „Meine Tochter, bitte um nichts. Alles wird zu dir kommen."

„Ammas Worte an mich vom Vorabend meiner Abfahrt hallten immer noch in mir nach, während ich durch die Vereinigten Staaten reiste, um Ammas erste Welttournee vorzubereiten", erinnert sich Kusumam.

Am 23. März 1987, sechs Monate nach Kusumams Abreise, bereiteten Swami Paramatmananda (Neil Rosner) und ich uns auf unsere eigene Abreise vor, um uns Kusumam in den USA anzuschließen und den Weg für Ammas erste Welttournee zu ebnen. Ich würde ganze zwei Monate von Amma getrennt sein, zumindest auf der physischen Ebene, und obwohl meine Pflicht mich rief, war ich traurig und ein tiefer Trennungsschmerz erfüllte mich. Als ich mich von Amma verabschiedete und mich vor ihr verneigte, umarmte sie mich ganz fest und flüsterte mir mitfühlend ins Ohr: „Sohn, Amma ist mit dir; Ammas *Sankalpa* ist mit dir."

So machten wir uns auf die Reise. Unser erstes Ziel war Singapur, wo wir ein zweitägiges Programm abhielten. Danach flogen wir weiter nach San Francisco, kamen dort am 26. März an und fuhren vom Flughafen direkt nach Oakland zu Swami Paramatmanandas älterem Bruder, Earl Rosner.

Ich erinnere mich heute noch genau an sein Haus und die Umgebung. Meine Erinnerung ist noch so klar, weil mein Herz von Qualen erfüllt war, seit ich mich von Amma verabschiedet und das Flugzeug in Kochi bestiegen hatte. Bis ich in Oakland ankam, war aus diesen Qualen eine tiefe Trauer geworden. Obwohl nur wenige Tage seit unserer Abreise vergangen waren, fühlte ich nirgends den Schmerz, den die Trennung von Amma in mir auslöste, so sehr wie in Earls Haus.

Der Winter war langsam dabei sich zu verabschieden. Dennoch war es immer noch ziemlich kalt. Von dem Moment an, an dem die ersten Strahlen der aufgehenden Sonne in der Morgendämmerung die Erde streichelten, bis zur

Abenddämmerung war das bunte Gezwitscher verschiedenster Vögel zu hören. Bäume, die im Herbst ihr Laub verloren hatten, ließen wieder zarte Blätter sprießen. Blumen begannen langsam zu blühen. Tautropfen glitzerten auf den Blüten und Blättern.

„Ich bin auf der anderen Seite der Welt. Ich bin von Amma durch die Entfernung von Tag und Nacht getrennt", dachte ich und mein Herz zerbrach. Aber mein *Svadharma*, die Arbeit, die Amma mir anvertraut hatte, riss mich wie das Schrillen eines Weckers aus diesen Gedanken: „Ich muss Ammas Besuch vorbereiten!"

Wir hatten eine 40-tägige Tour durch die Vereinigten Staaten geplant, bevor Amma eintreffen würde, um zum ersten Mal mit ihren heiligen Füßen amerikanischen Boden zu berühren. An vielen Orten waren Programme geplant. Die ersten fünf Tage blieben wir in Oakland und führten Programme in der San Francisco Bay Area durch. Der Rest unserer Reise sollte dann am frühen Morgen des 1. April beginnen und uns zunächst von Oakland nach Seattle und dann zurück nach Oakland führen. Von dort aus sollte es dann nach Madison, Wisconsin, gehen.

Wir würden insgesamt etwa 5.000 Meilen (8.000 Kilometer) zurücklegen.

Unsere kleine Reisegruppe bestand aus sieben Personen. Wir hatten beschlossen, dass wir am Abend vor unserer Abfahrt das Auto packen würden. Jack Dawson, ein *Devotee*, stellte uns freundlicherweise ein Fahrzeug für die Reise zur Verfügung, nur war es bisher noch nicht angekommen. Irgendwann rief Kusumam, die am Straßenrand wartete, endlich: „Das Auto ist da. Lasst uns mit dem Beladen beginnen!" In diesem Moment sah ich zum ersten Mal das Fahrzeug, das uns alle auf die lange Reise mitnehmen sollte. Es verschlug mir die Sprache. Um ehrlich zu sein: Ich hatte ein Fahrzeug erwartet, das einigermaßen groß und in gutem Zustand war. Immerhin waren wir in den USA. Aber was ich da vor dem Haus parken sah, war ein alter Van der Marke Dodge, der genauso aussah wie das alte Standardmodell in Indien. Mit anderen Worten: Es war ein antikes Relikt.

Ich begann sofort zu zweifeln: War das wirklich unser Fahrzeug? Ich sah fragend zu Kusumam hinüber und diese stellte sofort klar: „Ja, das ist es! Etwas anderes konnten wir nicht bekommen."

Es sah aus, als wäre es bereit für den Schrottplatz und ich platzte fast heraus: „Oh Gott! Schafft es dieser Van überhaupt, uns auf unsere Tour mitzunehmen?"

Doch ich hielt sofort wieder inne. Stopp! Hatte Amma uns nicht versprochen: „Sohn, Amma ist mit dir; Amma hat einen *Sankalpa* gemacht." Wozu also all die Zweifel und Fragen? Dies hier war Ammas Wille.

Hinter mir hörte ich Swami Paramatmananda sagen: „Ja, das ist eine echte Schrottkiste. Aber mach dir keine Sorgen! Egal wie alt er ist oder wie er aussieht, es ist Ammas Kraft, die ihn antreibt! Also, kommt schon, fangen wir an, unsere Sachen einzuladen."

Es war meine erste Auslandsreise - eine fremde Welt mit völlig anderer Kultur und vollkommen anderen Sitten. Es gab nur eine Handvoll Leute, die uns halfen. Aber war Amma nicht bei uns? Würde ihr Entschluss uns nicht helfen? In diesem Vertrauen ließen wir los und begannen unsere Reise.

Während der nächsten 40 Tage wurde der Van buchstäblich zu unserem Zufluchtsort, zu unserem Zuhause. Wir kochten in ihm, aßen, schliefen, meditierten, sangen, machten Yoga-Übungen. Er diente uns wie ein treuer Freund.

„Unser Wagen könnte jeden Moment liegen bleiben. Wir könnten an einem verlassenen Ort ohne jede Hilfe festsitzen. Wir werden dann das ganze Programm verpassen!" Oft wurden wir von diesen Sorgen geplagt. Für einen solchen Fall hatten wir keinen Plan B parat. Alles was wir hatten, war unser Vertrauen in Amma. Sie war unser Plan A, B und C. Sie war unsere einzige Begleiterin. Wir trafen auf viele Hindernisse und Schwierigkeiten, doch immer, wenn wir uns ängstlich fragten: „Was nun?", tauchte ein Fremder auf, um uns zu helfen. So begegnete Amma uns in vielen Namen, Formen und Umständen.

Wir setzten unsere Reise fort, über Berge, durch Wüsten, durch große und kleine Städte. Wir erzählten Geschichten über Amma, tauschten Erfahrungen aus, sangen Bhajans, hielten Satsangs und Meditationen ab. Wir trafen und lernten viele Menschen kennen, die Ammas Mission in den USA unterstützen würden. Wir sprachen mit ihnen über das Phänomen „Amma".

Wie der gehorsame Diener einer unsichtbaren Macht, trug uns unser Pony, „Uropa Dodge", 40

Tage lang, ohne Murren und Knurren durch das Land. Nach und nach durchdrang eine *Ashram*-Atmosphäre unser Leben im Van, erfüllt von Ammas Gegenwart.

Eines Tages neigte sich unsere Reise ihrem Ende zu. Wir erreichten Madison. Von dort aus sollten wir mit dem Bus weiter nach Chicago reisen und danach noch New York und Boston besuchen. Amma würde am 18. Mai in San Francisco ankommen und wir sollten vor ihr dort eintreffen.

Genau an dem Tag, an dem wir in Madison ankamen, gab unser „treuer Diener", der Dodge, den Geist auf, als hätte er hiermit seine Aufgabe, die ihm „jemand" zugewiesen hatte, aufrichtig zu Ende gebracht. So sehr wir uns auch bemühten, wir konnten ihn durch nichts mehr zum Laufen bringen. Swami Paramatmananda faltete seine Hände wie zum Gebet und sagte: „Das kann nur Ammas göttlicher *Sankalpa* gewesen sein." Es war wirklich eine Offenbarung. Zu unserer Überraschung fanden wir auch noch heraus, dass Jack Dawson, derjenige der uns den Van für die Reise geliehen hatte, ursprünglich aus Madison stammte! Irgendwie schien der Van zu wissen, dass er nun wieder „zu Hause" war.

Diese Erfahrung war eine von vielen Erlebnissen, die mir nach und nach die Bedeutung eines „göttlichen *Sankalpas*" enthüllten. Es dämmerte uns, das alte Auto war nicht nur ein Haufen gefühllosen Metalls mit einem Motor. Wir konnten es einfach nicht mehr als solches betrachten. Für uns schien es ein lebendiges Wesen zu sein, das den Befehlen einer unbekannten und geheimnisvollen Macht gehorchte. Durch diese neue Einstellung veränderte sich unsere Haltung gegenüber dem Fahrzeug grundlegend. Bevor wir Madison verließen, verabschiedeten wir uns von dem Van, der die sichtbare Manifestation von Ammas *Sankalpa* war, und der sich bei der Erfüllung der ihm zugewiesenen Aufgabe vollkommen aufgerieben hatte. Wir machten *Arati* für ihn, brachten ihm Blumen dar und verneigten uns vor unserem guten Freund, dem Dodge.

Der gelbbraune Dodge war uns eine hervorragende Lehre gewesen, sowie eine perfekte Metapher für Hingabe, die jeder von uns auf seine eigene Weise erfahren hatte. Wir hatten nichts gehabt, um die Reise anzutreten, nicht einmal ein Fahrzeug. Als Jack Dawson uns seinen Van anbot, wussten wir, dass es Amma war, die ihn uns zur Verfügung stellte, ohne dass wir darum bitten mussten - obwohl wir ihn als „Schrottkarre" bezeichneten. Ja, er war schon alt und hatte über 100.00 Meilen auf dem Buckel, aber während er die ihm zugewiesene Aufgabe mit größter Hingabe und Selbstlosigkeit erfüllte, begannen wir, ihn als eine königliche Kutsche zu betrachten, die sich aus dem Nichts materialisiert hatte. Er ist ein perfektes Beispiel dafür, wie ein göttliches *Sankalpa* Wunder bewirken kann.

Während wir die Abertausenden von Meilen hinter uns brachten, die nötig waren, um die ersten 40 Tage der Vortour zu absolvieren - von Oakland nach Mt. Shasta, Miranda, Seattle, Santa Fe, Taos, Boulder, Chicago und Madison - hatten wir (Swami Paramatmananda, Kusumam und ich) keine Ahnung von der Größe der Aufgabe, die Amma uns anvertraut hatte, und wie sich alles in Zukunft entwickeln würde. Wir wussten nur, dass wir die Nachricht von Ammas bevorstehendem Besuch verbreiten sollten. Wir waren voller Freude, Enthusiasmus und Inspiration und machten sehr gewissenhaft unser *Sadhana*.

Göttliche Inkarnationen handeln nach klaren Zielen. Ihr *Mind* umfasst das gesamte Universum und ist so klar wie der Himmel. Sie sind vollkommen frei von Zweifeln. Sie sind nie verwirrt. Um ihre Ziele zu verwirklichen, können sie sogar unbelebten Objekten ein Gefühl oder eine Empfindung (im Unterschied zu Wahrnehmung oder Gedanken) einflößen. Wenn dieser göttliche Entschluss und dieser Segen mit uns sind, gibt es nichts, was wir nicht tun können, überall, in allen Welten. Die enorme Macht, die dem Inneren der Säule entstieg, um *Prahlada* zu retten,[1] kann an jedem Ort und in jeder Form einem *Devotee* erscheinen, der sich vollkommen hingegeben hat. Sie ist nicht durch Raum oder

---

[1] *Prahlada* war ein treuer Devotee Lord *Vishnus*. Obwohl er ständig von seinem dämonischen Vater *Hiranyakashipu* verfolgt wurde, bewahrte ihn sein unerschütterlicher Glaube an die Allgegenwart Gottes vor allen Prüfungen und Bedrängnissen. Einmal fragte sein Vater ihn sarkastisch: „Wohnt dein Gott auch in dieser Säule?" *Prahlada* bejahte diese Frage kühn und provozierte damit seinen Vater, die Säule mit seinem Schwert zu zerschlagen. Ihr entstieg *Narasimha*, die Halb-Mensch-Halb-Löwe-Inkarnation von *Lord Vishnu* und tötete *Hiranyakashipu*.

Zeit begrenzt. Sie benötigt auch kein bestimmtes Medium für ihre Manifestation. Durch einen göttlichen Entschluss können sogar Tiere vedische Mantren rezitieren.

Hierfür gibt es ein Beispiel aus dem Leben des Heiligen *Jnanadeva* aus Alandi, im Bezirk Pune, Maharashtra. Obwohl er in eine *Brahmanenfamilie* hineingeboren wurde, *Jnanadeva* und seinen Geschwistern wurde der soziale Status eines *Brahmanen* verwehrt, weil sein Vater das Leben eines *Sannyasins* aufgegeben, geheiratet und eine Familie gegründet hatte. Seinen vier Kindern war es daher nicht erlaubt, die *Veden* oder andere Schriften zu studieren. Die zuständigen Stellen ignorierten die Bitten der Familie um die Wiederherstellung ihres sozialen Status. *Jnanadeva* sagte den Behörden, dass ihr Wissen nichtig sei und dass er sogar einen Stier dazu bringen könne, die *Veden* zu rezitieren. Dann befahl er einem Stier, der in der Nähe stand, die *Veden* zu rezitieren, und zum großen Erstaunen aller begann der Stier mit der Rezitation! In einer anderen Geschichte befiehlt er einer Mauer, sich zu bewegen. Die Mauer hört auf den Befehl „ihres Herrn" und bewegt sich.

Dies sind einige der unglaublichen Geschichten über die Meister der Vergangenheit. Doch hier und jetzt, können wir selber sehen und erleben, wie jeder Moment eine Inszenierung der unendlichen Macht und Größe von Gottes Willen in Ammas heiliger Gegenwart ist.

2 DER INBEGRIFF VON VEDANTA

Viele Menschen erzählen mir, nachdem sie bei Ammas *Darshan* waren: „Als ich in Ammas Nähe kam, wurde mein *Mind* ganz leer. All meine Fragen verschwanden. Ich konnte nichts mehr von all dem was ich eigentlich sagen wollte, sagen." Andere erzählen: „Als Amma mich umarmte, fing ich an zu weinen. Ich bekam kein einziges Wort mehr heraus. Ich weiß nicht, ob Amma meine Probleme verstanden hat." Wieder andere sagen: „Ich fühlte mich in Ammas Gegenwart so friedlich und glücklich, dass ich vollkommen in mir selbst versank. Nie zuvor habe ich eine solche Liebe gespürt." Und es gibt Menschen, die sich Amma gegenüber vollkommen öffnen. Sie laden all ihre Ängste, Befürchtungen, Wut und andere negative Gefühle bei ihr ab, was ihnen dabei hilft, sich hinterher erleichtert und entspannt zu fühlen.

Egal wo auf der Welt, wenn Menschen zu Ammas Darshan kommen, erleben sie aller Wahrscheinlichkeit nach eine der oben beschriebenen Erfahrungen. Warum weinen wir oder werden still, wenn wir in Ammas Nähe sind? Warum

fühlen wir uns in ihrer Gegenwart so glücklich und friedlich? Was bringt uns dazu, Amma all unsere Emotionen mitzuteilen? Die Antwort darauf ist - Ammas reine, ungeteilte Liebe.

Ammas Umarmung ist eine Berührung mit der grenzenlosen Liebe. Kommen wir in Kontakt mit dieser Reinheit, kommt das ans Licht, was bereits in uns ist. Es ist das gleiche Prinzip wie Eisen magnetisiert wird. Wenn wir eine Eisenstange immer wieder an einem Magneten reiben, wird die Stange magnetisch. Genauso erweckt die Gegenwart reiner unendlicher Liebe, die in uns schlummernde Liebe. Dies mag uns zunächst nur einen flüchtigen Eindruck von der Unermesslichkeit der Liebe vermitteln, aber haben wir sie einmal erfahren, wächst die Sehnsucht in uns, mehr und mehr von ihr zu erleben. Diese Sehnsucht danach wird immer stärker.

Eine typische Frage von Reportern an Amma ist: „Glauben Sie, dass eine einfache Umarmung Menschen verändern kann?" Amma antwortet darauf: „Dies ist keine nur körperliche Umarmung. Es ist eine echte, eine wahrhaftige Begegnung, eine Begegnung der Herzen. Ich fließe zu den Menschen, und sie fließen zu mir."

Manchmal fragen Journalisten auch: „Sie sitzen stundenlang da und umarmen Leute? Aber wer umarmt Sie?" Amma antwortet: „Die gesamte Schöpfung umarmt mich. Wir befinden uns in einer ewigen Umarmung. Es ist die Berührung mit dieser Gesamtheit der reinen Energie, der Liebe, die eine Veränderung bewirkt."

Ammas reine und selbstlose Liebe zeigt eindrucksvoll den Kontrast zwischen dem, was wahre Liebe ist, und der Liebe, die wir in der Welt sehen. Dieser Kontrast kann eine wertvolle Hilfe sein, um über die gewöhnlichen Ebenen der Liebe hinauszuwachsen. In Angelegenheiten des Lebens und der Liebe hilft uns Ammas Liebe, zwischen Qualität und Quantität zu unterscheiden.

Wir leben in der Welt nicht so, wie wir wirklich sind. Stattdessen erschaffen wir eine Identität, die durch unseren Namen, unsere Macht, unsere Stellung, unseren Bildungsabschluss usw. definiert wird. Andere kennen uns dann auch unter diesen Identitäten, z. B. als Polizeibeamten, Regierungsbeamten, Politiker, Künstler oder Geschäftsführer. Genauso leben wir unser ganzes Leben lang als jemand anderes. Die Frage ist: Bin ich nur diese Rollen, mit denen ich mich identifiziere und die mir die Gesellschaft zugewiesen hat, oder habe ich noch eine andere Identität? Wer bin ich?

Egal ob wir das so sehen oder nicht, vom spirituellen Standpunkt aus betrachtet, befinden wir Menschen uns in einer Identitätskrise. Wir verdecken unsere wahre Identität mit allem, was wir uns im Laufe des Lebens aneignen. Schließlich verlieren wir den Überblick und identifizieren uns mit all dem, was wir angesammelt haben, bleiben in unserem Kokon und betrachten ihn als unser wahres zu Hause. Die Maske, die wir aufgesetzt haben, ist zu einem wesentlichen Bestandteil unseres Lebens geworden. Wir haben sie so lange getragen, dass wir inzwischen denken, sie wäre unsere wahres Gesicht, während unser ursprüngliches Antlitz dahinter verborgen bleibt.

Als Sri Shankara, der Vertreter der *Advaita* (nicht-dualen) Philosophie, seinen Guru Govinda Bhagavatpada traf, fragte der Guru ihn: „Wer bist du?"

Shankara antwortete auf diese Frage sofort mit einem in diesem Moment spontan verfassten Sanskrit-Vers, der später als *Atma Shatkam* oder *Nirvana Shatkam* bekannt wurde:

manō buddhyahankāra cittāni nāham
na ca śrotrajihvē na ca ghrāṇa nētrē
na ca vyōma bhūmir na tējō na vāyuḥ
cidānanda rūpaḥ śivō'ham śivō'ham

Ich bin weder Mind noch Intellekt,
weder Ego noch Gedächtnis. Ich
bin weder Ohr noch Zunge, nicht
Geruchssinn noch Sehkraft. Noch bin
ich Äther, Erde, Feuer, Wasser oder Luft.
Ich bin reines Bewusstsein,
Glückseligkeit. Ich bin Shiva! Ich bin
Shiva! Ich bin reines Bewusstsein,
Glückseligkeit.

Ich erinnere mich an ein Ereignis aus den frühen 80er Jahren. Es gab einen Mann im Dorf, der Amma immer schwer beschimpfte und kritisierte. Eines Tages war Amma nach einem Hausbesuch auf dem Weg zurück zum Ashram, als sie genau diesen Mann am Ashram Bootssteg warten sah. Er wartete auf ein Boot, um die Backwaters zu überqueren. Als wir aus dem Boot stiegen, in das er dann einsteigen wollte, sahen wir, dass beide seiner Arme schwer entzündet waren. Es war Eiter und Blut zu sehen. Ohne auch nur das geringste

Zögern, ging Amma auf ihn zu und erkundigte sich liebevoll nach seinen Wunden, streichelte seine Arme und küsste sie sogar, während sie ihm alles Gute wünschte und sich dann von ihm verabschiedete. Von seinen Gefühlen überwältigt stiegen dem Mann Tränen in die Augen.

Man muss aber gar nicht so weit zurückgehen, um Beispiele für Ammas Bewusstseinszustand zu finden. Beobachten Sie Amma einfach auf einem ihrer Programme ein paar Minuten lang, wenn sie Darshan gibt.

2018 brach sich Amma während der Europa-Tournee den rechten kleinen Zeh. Dr. Priya, die Ärztin der Tour, war sehr besorgt und versuchte auf verschiedene Möglichkeiten Ammas Zeh ruhigzustellen. Als sie eins der vielen Hilfsmittel ausprobierte, zog Amma ihren Fuß weg und sagte zu Dr. Priya, dass sie nichts davon wollte.

Priya erwiderte: „Amma! Du wirst sehr große Schmerzen haben. Ich sag's dir." Amma funkelte sie an und sagte mit einem sarkastischen Blick: „Schmerzen? Ich entscheide, wann ich Schmerzen habe. Du kannst mir nicht vorschreiben, wann ich Schmerzen haben werde und wann nicht." Dies waren nicht nur leere Worte. Amma gab weiterhin jeden Tag mehr als 16 Stunden lang Darshan - mit dem gebrochenen Zeh! Medizinisch ist das nicht zu erklären. Dies sind nur einige von unzähligen Begebenheiten, in denen Amma klar und deutlich zeigte, dass ihr Glück weder von der äußeren Umgebung noch von ihrem Körper abhängt.

Die Geschichten über die Leben der meisten großen spirituellen Meister oder Menschen, die der Gesellschaft selbstlos dienten, die wirklich einen Wandel herbeiführten und das Bewusstsein der Menschen auf der ganzen Welt beeinflussten, beginnen meistens ungefähr so:

„Es war einmal ein wunderschöner Junge mit blauem Teint in Vrindavan namens Krishna. Doch...“

„Es war einmal ein junger Prinz namens Rama, der zum König gekrönt werden sollte. Doch...“

„Es war einmal ein Prinz namens Siddharth, der später Buddha wurde. Doch...“

„Es war einmal ein junger, weiser Mann namens Jesus von Nazareth, Sohn von Maria und Josef. Doch...“

„Es war einmal ein junges Mädchen namens Sudhamani, das sehr mitfühlend war und den starken Wunsch hatte, Gott zu verwirklichen. Doch..."

Was haben all diese Geschichten - und eigentlich alle Geschichten - gemeinsam? Sie beginnen damit, das Leben verläuft reibungslos, aber wir alle wissen, was dann kommt. Was kommen wird, ist das Wort „doch". Das Wort „doch" taucht immer auf. Es kommt in jeder Geschichte vor. Eigentlich ist es das, was die Geschichte interessant macht. Es ist der Konflikt. Ohne das „doch" gibt es keine Geschichte.

Ammas Leben ist voll von „doch dann". Aber für Amma sind die „doch dann" überhaupt keine „doch dann". Sie sind einfach „Ereignisse". Sie stören weder den Fluss ihres Lebens noch die Veränderung, die sie in der Welt bewirken möchte.

Furchtlosigkeit ist eines der Merkmale eines perfekten Gurus. Solange man sich mit seinen Errungenschaften in der Welt identifiziert, als bloßes physisches Wesen existiert und seine wahre Identität vergisst, wird sich Furchtlosigkeit nicht einstellen. Wir werden ständig von verschiedensten Ängsten heimgesucht. Wir existieren in Angst. Sogar unsere Liebe ist im Würgegriff der Angst. Um diese Angst loszuwerden, müssen wir eine Reise antreten, die Reise vom Körper hin zur Seele. Diese Reise wird, wenn wir sie erfolgreich bis zu ihrem Ziel fortsetzen, zu vollkommener Furchtlosigkeit führen. Selbst die Angst vor dem Tod wird verschwinden.

Es gibt ein wunderschönes Gedicht aus dem 14. Jahrhundert von einer Heiligen aus Kaschmir namens Lalleshwari, das die Einstellung zum Tod aus der Sicht eines wahrhaft spirituell verwirklichten Menschen beschreibt:

> O Unendliches Bewusstsein,
> erfüllt von Elixier,
> lebst Du in meinem Körper,
> nur Dich bete ich an.
> Es interessiert mich nicht
> ob ich sterbe, geboren werde,
> oder in irgendeinen anderen Zustand
> übergehe.
> Diese Dinge sind jetzt so irrelevant.

Die Heiligen und Weisen sagen, dass der Himmel kein Ort ist, von dem man sich wünscht, ihn nach dem Tod zu erreichen. Der Himmel ist keine luxuriöse am Strand gelegene Ferienanlage, die irgendwo hoch oben existiert und wo rund um die Uhr, sieben Tage die Woche, 365 Tage im Jahr Annehmlichkeiten und Vergnügungen geboten werden. Er ist kein Konzept, sondern eine Realität, die wir hier, während wir in dieser Welt leben, erfahren können. Er ist ein anhaltender Zustand der Ausgeglichenheit und des Gleichmuts, in dem jede Spur von Angst verschwunden ist. Einmal in diesem höchsten Bewusstsein angekommen, wird man fortwährend in vollkommenem Frieden und in Glückseligkeit ruhen. Selbst wenn der Körper stirbt, bleibt man glückselig. Der Tod wird zu einem Ereignis wie jedes andere und man kann ihn von ganzem Herzen feiern.

Ein Mahatma wurde einmal gefragt: „Heiliger, bist du dir sicher, dass du in den Himmel kommen wirst, wenn du stirbst?"

Der Mahatma antwortete: „Ja, natürlich."

„Aber woher weißt du das?", fragte der Mann. „Du bist nicht tot, und du weißt nicht einmal, was Gott denkt."

Der Mahatma antwortete: „Schau her. Es ist wahr, dass ich keine Ahnung habe, was in Gottes Kopf vorgeht, aber ich kenne meinen eigenen Mind. Ich bin immer erfüllt von Frieden und

Glückseligkeit, egal wo ich bin, sogar wenn ich in der Hölle wäre, wäre das so."

Für mich gibt es keinen Zweifel daran, dass Amma absolut furchtlos ist. Ich habe nie gesehen, dass sie Angst gehabt hätte. Niemals. Sie ist so sehr in der unveränderlichen Quelle der Schöpfung verankert, dass es nicht einmal eine Spur von Angst in ihr gibt.

2002 hatte Amma ein Programm in Gujarat geplant, als es dort unablässig zu Unruhen kam. Alle Regierungsbeamten und Devotees flehten Amma regelrecht an, nicht dorthin zu fahren. Aber Amma sagte ruhig: „Diejenigen, die Angst haben zu sterben, brauchen nicht mitzukommen. Ich gehe."

Ich erinnere mich an einen anderen Vorfall, bei dem Amma die gleiche Furchtlosigkeit zeigte. Während des Tsunamis im Indischen Ozean 2004 stürzte sich Amma direkt in die Fluten. Jeden Moment hätte eine weitere Welle kommen können, aber Amma war nicht im Geringsten um sich selbst besorgt. Sie sorgte sich nur um ihre Kinder.

Amma besitzt nicht nur *Jnana* (wahres Wissen), sie ist ein *Jnananishtha* (fest verankertes

Wissen). Sie ist das, was Krishna in der Gita als *Sthitaprajna* bezeichnet (eine Person, die sich in einem Zustand reinsten Bewusstseins befindet). Hieraus entspringt auch ihre Furchtlosigkeit. Sie ist nicht auf die sich verändernden Phänomene fixiert, sondern auf die unveränderliche Grundlage der Existenz. Das macht sie unbesiegbar.

Amma ist die Personifikation folgender zwei *Bhagavad Gita* Verse:

nainam chindanti śastrāṇi
nainam dahati pāvakaḥ
na cainam klēdayantyāpo
na śoṣayati mārutaḥ
acchēdyō'yam adāhyo'yam
aklēdyō'śoṣya eva ca
nityaḥ sarva-gataḥ sthāṇur
acalō'yam sanātanaḥ

Waffen können Es nicht entzweien, noch kann Feuer Es verbrennen. Wasser kann Es nicht benässen, noch kann der Wind Es trocknen. Es ist unzerbrechlich und unbrennbar; kann weder befeuchtet noch austrocknen. Es ist unvergänglich,

an allen Orten, unveränderlich,
unwandelbar und ursprünglich. (23 - 24)

Zu Ammas Programmen kommen zehntausende Menschen. Jeder hat Zutritt. Keiner wird abgewiesen. Und ganz ehrlich, manchmal kommen geistig labile oder auch wirklich psychisch kranke Menschen, um Ammas Darshan zu erhalten. Unter 10.000 Menschen die kommen, sind vielleicht so ungefähr zehn, die relativ schwere psychische Krankheiten haben. Und einige dieser Menschen, sagen wir es einfach mal so, wenn sie einem auf der Straße entgegenkämen, würde man sehr wahrscheinlich die Straßenseite wechseln. Einige dieser Menschen kommen von sich aus, andere werden von ihren Familien gebracht. Manche sind so verstört, dass sie schreien und um sich schlagen. Manchmal müssen in Indien die Devotees, die den Besuchern bei Ammas Darshan assistieren, diesen Leuten die Arme festhalten, damit sie Amma nicht schlagen, während sie ihnen ihren Segen gibt. Ihr Zustand ist so heftig, dass es scheint, als wären sie von Dämonen besessen. Und ich gebe zu, dass die Devotees, die bei Ammas Darshan assistieren, in dieser Situation oft ein wenig nervös werden, weil sie nie wissen, was diese Menschen als nächstes tun. Sie haben sich nicht unter Kontrolle. Sie könnten einen beißen, schlagen oder sogar erwürgen.

Aber ich würde mein Leben darauf verwetten: Wenn man Ammas Herzschlag während solcher Vorfälle messen würde, würde man feststellen, dass er sich nicht einmal um einen einzigen Schlag pro Minute erhöht. Das ist Jnananistha. Sie ist sich durch und durch bewusst, dass nur ihr Körper verletzt werden kann und dass sie nicht dieser Körper ist, sondern das reine Selbst.

Vielleicht ist Ihnen die Legende von König Theseus Schiff bekannt. Es heißt, König Theseus habe die Stadt Athen, die Hauptstadt Griechenlands gegründet und er sei in viele Schlachten gezogen. Die Athener Bürger errichteten ihm zu Ehren ein Denkmal, indem sie sein Schiff behielten und ausstellten. Es wird angenommen, dass das Schiff jahrhundertelang aufbewahrt wurde. Im Laufe der Jahre begannen die Planken des Schiffes zu zerfallen. Um das Schiff zu erhalten, wurden die kaputten Planken durch neue Planken aus demselben Material ersetzt.

Es stellt sich die Frage, ob das Schiff noch dasselbe ist, wenn jede neue Generation die morschen Planken austauscht. Angenommen, es gäbe 1.000 Planken, was ist, wenn 999 von ihnen ersetzt sind? Reicht diese eine Planke, die noch nicht ersetzt wurde, aus, um die ursprüngliche Identität des Schiffes zu bewahren? Dies ist eine ewige philosophische Frage, bekannt als das „Problem der Identität".

Auch wenn die Wissenschaft immer noch über die genaue Anzahl der Zellen im menschlichen Körper streitet, besteht ein durchschnittlicher menschlicher Körper aus etwa 30 bis 40 Billionen Zellen. Wie viele es genau sind, ist wie gesagt immer noch ein Rätsel.

Die alten *Rishis*[2] sahen diese subtilen Veränderungen schon vor Tausenden von Jahren voraus. Sie erkannten das sich ständig verändernde Prinzip des Universums, nicht nur das des menschlichen Körpers, sondern auch aller anderen äußeren Erscheinungen. Sie erkannten darüber hinaus auch das ultimative Prinzip, die Wahrheit, die immer unverändert bleibt.

---

[2] Seher, d.h. spirituell verwirklichte Personen, die intuitiv die heiligen Mantras empfingen, welche die vedische Weisheit enthalten.

Laut medizinischen Forschern aus Stanford und anderen renommierten Universitäten weltweit werden alle Zellen des Körpers mit Ausnahme bestimmter Zellen, die sich nie erneuern, alle 7 bis 10 Jahre durch einen neuen Satz von Zellen ersetzt. Einige der wichtigsten Teile unseres Körpers erneuern ihre Zellen sogar noch schneller. Können Sie sich das vorstellen?

Wenn sowohl lebende wie auch leblose Materie ständiger Veränderung unterworfen ist, was ist dann mit den physischen Körpern? Ich beziehe mich auf die Körper sämtlicher Lebewesen. Wenn sich wirklich alles ständig wandelt, wie können wir dann dieselben bleiben? Objektiv gesehen gibt es darauf keine richtige Antwort, denn innerhalb von sieben Jahren stirbt praktisch jede Zelle unseres Körpers und wird durch eine neue ersetzt. Im Klartext heißt das: Wenn wir älter werden, sind wir nicht mehr dieselbe Person. Was bestimmt dann unsere wahre Identität?

Bereits Jahrtausende vor der Entstehung der Theseus Legende lehrten die Weisen Indiens eine Technik, die als *„neti neti"* bekannt ist, die „Methode der Negation". Die höchste Wahrheit, Brahman, ist kein Objekt. Sie ist das alleinige

Subjekt. Sie ist weder das Gesehene (welches das Objekt ist) noch ist sie der Prozess des Sehens. Sie ist der Sehende, das Subjekt (das Ich in jedem von uns). Du bist nicht ein Name oder verschiedene Varianten, die diesem Namen zugeschrieben werden. Du bist die Wahrheit.

In der Brhadaranyaka Upanishad steht:

nēti nēti, na hyētasmāditi
nētyanyatparamasti; atha nāmadheyam
- satyasya satyamiti; prāṇā vai satyam,
teṣāmēṣa satyam iti tṛtīyam brāhmaṇam

Nun also die Beschreibung (von Brahman): ‚Nicht dies, nicht das.‘ Es gibt keine andere und angemessenere Beschreibung als dieses: ‚Nicht dies.‘ Nun sein Name: „Die Wahrheit der Wahrheit". Die Lebenskraft ist Wahrheit, und er ist die Wahrheit. (2.3.6)

Betrachtet man Ammas Leben genau, zeigt sich, dass sie reines Vedanta ist. Reines Vedanta, das handelt. Nichts ist für sie unbedeutend oder belanglos. Für Amma haben selbst Dinge, die normalerweise als unwichtig erachtet werden, eine Bedeutung, einen eigenen Platz im Leben. Denn für Amma ist alles die „Essenz". Sie sagt: „Nichts ist unbedeutend oder unwichtig im Leben."

Es gibt große und kleine Bäume. Wir sehen große Lotosblumen und kleine Blümchen am Straßenrand. Manche von ihnen haben einen süßen Duft, andere haben einen unangenehmen Geruch. Der majestätisch aussehende Pfau mit seinen weit gefächerten Federn, aber auch die Krähe mit ihrem schwarzen Federkleid leben beide hier. Während der Kuckuck melodisch singt, singt der kleine Spatz auf seine ganz eigene Weise. Die Anwesenheit jedes einzelnen winzigen Lebewesens ist von Bedeutung. Sonst wären die Welt und die Schöpfung unvollständig. Wir sollten nicht vergleichen. Wir sollten alles wertschätzen.

Daher tut Amma die Probleme und Schwächen ganz gewöhnlicher Menschen nicht als unwichtig ab, indem sie sie als „unwirklich" oder „Teil der Illusion" abtut. Stattdessen erkennt sie die innere Reife eines jeden, hört mit größtem Einfühlungsvermögen zu, gibt praktische Ratschläge, schlägt alles Mögliche vor, damit man sich glücklich und zufrieden fühlt, und hilft einem gleichzeitig schrittweise, die spirituellen Prinzipien zu verstehen. Das ist Ammas Art. Amma ist in jeder Hinsicht der Inbegriff von Vedanta.

Man stelle sich Folgendes vor: Man steht am Straßenrand und beobachtet all die verschiedenen Fahrzeuge, die vorbeifahren: Busse, Lastwagen, Autos verschiedener Marken und Modelle, Limousinen, Krankenwagen, vielleicht sogar einen Leichenwagen. Man steht eine Weile da und nimmt einfach all die verschiedenen, vorbeifahrenden Fahrzeuge wahr. Dann richtet man seinen Blick auf die Straße. Die Straße ist immer da. Die Straße hat Bestand. Die Straße ist der Untergrund, auf dem sich alle Phänomene abspielen. Selbst im dichtesten Verkehr - selbst wenn sich im Stau ein Auto direkt ans nächste reiht, Stoßstange an Stoßstange - wird es immer einen kleinen Raum, eine winzige Lücke geben, durch die hindurch wir den Untergrund sehen können. Das ist alles, was wir tun müssen, wenn wir furchtlos werden wollen. Wir müssen unsere Aufmerksamkeit vom Veränderlichen auf das Unveränderliche lenken, von den Objekten auf die Essenz. Das ist es, was Amma tut. Sie hilft uns, langsam unsere Aufmerksamkeit von den Objekten auf das Unveränderliche zu richten.

3 RUF UND ANTWORT

Eine weithin bekannte Erzählung aus *dem Ramayana* ist die Geschichte von Sabari. Sabari war Angehörige eines Stammes und die Tochter eines Jägers. Sie betrachtete den Weisen Matanga als ihren Guru und brachte ihm immer frisch gepflückte Früchte aus dem Wald. Erfreut über ihre Hingabe und Selbstlosigkeit, verkündete der Weise ihr, kurz bevor er seinen Körper verließ, dass Lord Rama eines Tages den Ashram besuchen und sie segnen würde.

Sabari glaubte von ganzem Herzen an die Worte des Weisen und wartete von dem Tag an mit unerschütterlichem Glauben auf Lord Rama. Jeden Tag fegte sie mehrere Kilometer des Weges, erfüllt von großer Vorfreude auf den Herrn. Sie ging durch den Wald und entfernte Dornen, Steine und herabhängende Ranken, da sie befürchtete, die Schlingpflanzen könnten sich in Ramas ungekämmtem Haar verfangen. Sie zerkleinerte Erdklumpen, damit sie Ramas weiche Füße nicht verletzen würden. Sie sammelte frische Früchte für ihn zum Essen. Sabari hatte keine Ahnung, wie Rama aussah, aber ihr Vertrauen war unerschütterlich, ihre Hingabe vollkommen und ihre Liebe für Lord Rama tadellos. Ganze dreizehn Jahre vergingen auf diese Weise. Sabari wartete tagein, tagaus auf Lord Rama. Eines Tages kam Rama in Begleitung seines Bruders Lakshmana. Sofort als Sabari Rama sah, wusste sie, dass es ihr Herr war, obwohl sie keine Ahnung hatte, wie er aussah. Die Glückseligkeit, die sie fühlte, sobald sie ihn sah, reichte um zu erkennen, dass es tatsächlich Lord Rama war.

Sabari wusch dem Lord die Füße und bot ihm Früchte an. Da sie Rama nur die süßesten Früchte schenken wollte, nahm Sabari zuerst selbst einen Bissen von jeder Frucht, um sie zu kosten. Auch wollte sie sicherstellen, dass die Früchte, die sie ihm anbot, nicht giftig waren. Lord Rama sagte: „Mutter, diese Früchte sind so süß wie dein Herz. Sie sind die süßesten Früchte, die ich jemals gegessen habe."

In der *Bhagavad Gita* sagt Lord Krishna:

patram puṣpam phalam tōyam
yō mē bhaktyā prayacchati
tadaham bhaktyupahṛtam
aśnāmi prayatātmanaḥ

Wer immer Mir, mit Hingabe ein Blatt, eine Blume, eine Frucht oder Wasser darbringt, Ich nehme es an, die fromme Gabe derer, die reinen Herzens sind.
(9.26)

Im *Ramayana* steht: Obwohl andere Heilige darauf warteten, Lord Rama in ihrem Ashram zu empfangen, besuchte Er nur Sabari. Dies verdankte sie allein ihrer selbstlosen und reinen Hingabe an den Herrn. Der Schrift zufolge sagte Sabari selbst einmal zu Lord Rama: „Es gab viele Yogis, die spirituell alles erreicht hatten und auf

Deinen Darshan warteten, aber Du kamst zu der Einsiedelei dieser wertlosen Devotee. Oh Herr, für dich zählt nur die reine Hingabe, und nicht Wissen, Kaste, Glaube oder Hautfarbe."

Rama war hoch erfreut über Sabaris Liebe und Hingabe und bevor er sie verließ, sagte er zu ihr: „Bitte mich um etwas. Ich werde dir deinen Wunsch erfüllen."

Sabari antwortete: „Herr, was brauche ich noch mehr, jetzt da ich deinen Darshan hatte? Ich habe keine Wünsche mehr. Wofür soll ich jetzt noch leben? Ich habe nur dafür gelebt, dich zu sehen. Mein Herr, nun ist es mein einziger Wunsch, mit dir zu verschmelzen." Daraufhin erlangte Sabari sofort Befreiung und verließ bald darauf ihren Körper.

Sabari gehörte einer niederen Kaste an, war Analphabetin und hatte nie die heiligen Schriften gelesen. Doch ihr unerschütterliches Vertrauen in die Worte ihres Gurus, ihr Durchhaltevermögen und unschuldige Hingabe ließen sie den höchsten Gipfel der menschlichen Existenz erreichen.

Um die *Bhakti-Sutras* des Weisen Narada zu zitieren:

nāsti tēṣu jāti-vidyā-rūpa-kula-
dhana-kriyādi-bhedaḥ

Unter ihnen gibt es keinen Unterschied
in Bezug auf Kaste, Gelehrsamkeit,
Schönheit, Abstammung, Reichtum,
Sitten und dergleichen. (72)

Ich erinnere mich an Ammas Worte: „Im Gegensatz zu anderen Wegen kann man auf dem Weg der Hingabe, die Früchte von Anfang an genießen. Das liegt daran, dass andere Wege bestimmte Regeln und Vorschriften haben, die der Suchende strikt befolgen muss. Manche Wege erfordern ein gewisses Maß an logischem Denken und Reflexion. Nur wenn man sich an diese Regeln hält, erreicht man das Ergebnis. Auf dem Weg der Hingabe hingegen gibt es keine solchen Regeln. Die einzige Qualifikation, die man für ihn braucht, ist die Liebe, die jedem Menschen innewohnt. Liebe einfach Gott von ganzem Herzen, Punkt. Hast du schon einmal einen Jackfruchtbaum gesehen? Im Gegensatz zu anderen Obstbäumen trägt ein Jackfruchtbaum schon unten an seinem Stamm Früchte. Genauso ist es auf dem Weg der Hingabe. Das Ergebnis wirst du sofort erleben.

„Untersucht man die Geschichte von Sabari aus dem Ramayana genauer, wird man feststellen, dass sie vor allem drei wichtige Eigenschaften besitzt: reine Liebe, Prema, unermüdliche Hoffnung, Pratiksha, und endlose Geduld, Kshama. Mit anderen Worten, um ein wahrer Devotee Gottes zu sein, braucht man Liebe gepaart mit Hoffnung und Geduld.

Sabari verbrachte dreizehn lange Jahre damit Lord Rama zu erwarten, und als er kam, war sie alt und gebrechlich. Dennoch gab sie nie auf oder machte Abstriche in ihrer Liebe, ihrem Glauben, ihrer Hoffnung oder ihrer Geduld.

Echte Devotees werden sich mit nichts anderem zufrieden geben, bis sie in der Lage sind, Gott in der gesamten Schöpfung zu sehen.

Die *Isavasya Upanishad* sagt:

> *hiraṇmayena pātreṇa*
> *satyasyāpihitam mukham*
> *tat tvam pūṣann apāvṛṇu*
> *satya-dharmāya dṛṣṭaye*

Der Wahrheitssuchende fleht: „O Sonne (Wahrheit), bitte entferne den goldenen Schleier, der Dein Gesicht verbirgt.

Erlaube Deinem Devotee, Dein Gesicht
zu sehen, das hinter dem Schleier
verborgen ist." (15)

Dieser „goldene Schleier", was ist er? Er ist alles, was man in der materiellen Welt erlangt oder versucht zu erlangen: Macht, Ruhm, Reichtum usw. Eine Person, die nach der Wahrheit sucht, sagt: „Ich bin an all dem nicht interessiert. Mein einziger Wunsch ist es, die Wirklichkeit hinter diesem Schleier zu erkennen."

Normalerweise wenn Menschen sehen, dass jemand in der Welt erfolgreich ist, denken sie automatisch, dass Gott es gut mit dieser Person meint. Aber ein wahrer spirituell Suchender, ein völlig hingegebener Devotee, sieht das anders. Er betrachtet Reichtum und weltliche Errungenschaften nicht als Gottes Segen, sondern als Hindernisse auf seinem spirituellen Weg. Der *Rishi* sagt: „Bitte segne mich nicht, indem du mich mit materiellem Wohlstand überschüttest. Das ist nicht der Segen, die ich mir von Dir wünsche. Ich habe kein Verlangen nach diesem sogenannten Reichtum. Offenbare Deine Wirklichkeit. Nur das macht mich glücklich." Der Vers kann auch bedeuten: „Ich bin nicht daran interessiert, den

Körper und den Mind, das Gefäß, die äußere Hülle zu nähren. Befreie mich von all meinen Anhaftungen, so dass ich meine wahre Natur, mein innewohnendes wahres Selbst, erfahre."

Die Strahlen der Sonne sind so stark und so grell, dass wir nicht direkt in die Sonne blicken können. Die Sonnenstrahlen wirken wie ein Schild, wie ein Schleier, der uns daran hindert, die Sonne an sich zu sehen. Ebenso sind wir nicht in der Lage, die hell strahlende Wahrheit zu erkennen. Daher kommt das Gebet: „Hilf mir, das zu überwinden, damit ich dich direkt erfahre."

Was Menschen für gewöhnlich als Reichtum betrachten, bedeutet einem wahren Devotee nichts. Amma erzählt eine schöne Geschichte von einem Dieb, der in die Häuser der *Gopis* (Milchmädchen) in Vrindavan einbrach. Er dachte, er hätte all ihre Wertsachen gefunden und gestohlen, weil die Gopis diese Dinge in ganz besondere und teure Stoffe gewickelt hatten.

Als der Dieb jedoch begann, die „kostbare Beute", die sorgfältig Schicht um Schicht von Stoffen umgeben war, auszuwickeln, war er von dem, was er fand, völlig enttäuscht. In den Bündeln waren nur ein zerrissenes Stück gelber Seide, eine alte, abgenutzte Pfauenfeder, ein getrocknetes Stück Sandelholzpaste, eine getrocknete Tulasigirlande, ein halb leerer Behälter mit *Kumkum* (Safranpulver), ein einzelnes Glöckchen von einem Fußkettchen, ein abgebrochenes Stück eines Armbands, eine kleine Muschel, eine einzelne Scherbe eines zerbrochenen Lehmtopfes usw. - alles wertlose Gegenstände!

Der Dieb war nicht nur frustriert, sondern auch überrascht. Um Himmels Willen, wieso hatten die Gopis so wertlose Gegenstände so sicher in ihren Tresoren aufbewahrt? Was machte diese Gegenstände für sie so wertvoll? Auf die Gefahr hin, wegen Diebstahls bestraft zu werden, packte der Dieb alle Gegenstände wieder ein, angetrieben von seiner Neugier ging er zurück nach Vrindavan, um die Wahrheit über diese „Schätze" zu erfahren.

Als der Dieb all die gestohlenen Gegenstände zurückbrachte, waren die Gopis überglücklich. Sie konnten ihre Freude nicht zügeln, sprangen herum und tanzten, als ob ihnen plötzlich die ganze Welt gehören würde. Aber es kam noch besser: Sie nahmen ihren gesamten Goldschmuck ab und schenkten ihn dem Dieb als Zeichen ihrer

Dankbarkeit dafür, dass er ihnen die „wertlosen Dinge" zurückgebrachte. Der Dieb war sprachlos. Er verstand überhaupt nicht mehr, was gerade geschah.

Als sich die Aufregung ein wenig gelegt hatte, fragte er die Gopis: „Darf ich fragen, warum diese unbedeutenden Dinge für euch so überaus wertvoll sind?"

Die Gopis erklärten: „Unser geliebter Krishna hat damals all diese Gegenstände benutzt, als er noch hier bei uns in Vrindavan lebte. Diese Pfauenfeder hat er getragen. Diese Scherbe ist ein Stück von einem Topf, den er zerbrach, als er Butter aus dem Haus einer Gopi stahl. Dies ist ein Fetzen eines gelben Seidentuchs, das er an dem Tag trug, an dem er Butter aus meinem Haus stahl. Als ich versuchte, ihn zu packen, war dieses kleine Stück Stoff alles, was ich zu fassen bekam! Jedes Mal wenn wir diese Erinnerungsstücke betrachten, bringen sie für uns die überwältigende Freude unserer gemeinsamen Zeit mit Krishna zurück! Sie bringen uns ein wenig Freude in unseren Alltag, der ansonsten von der Trauer über die Trennung von unserem geliebten Krishna bestimmt wird."

Der Dieb konnte seine Tränen nicht zurückhalten, als er die reine, unschuldige Liebe der Gopis sah. Sein Herz schmolz dahin. Er gab den ganzen Goldschmuck zurück, den die Gopis ihm so großzügig geschenkt hatten. Er hatte kein Interesse mehr an einem Leben als Dieb. Stattdessen empfand er ein starkes Verlangen, Krishna zu sehen. Er erfuhr von den Gopis, dass Krishna in Mathura war. Der Dieb machte sich sofort auf den Weg dorthin. Dort sah er zum ersten Mal die absolut bezaubernde Gestalt Krishnas. Das Gesicht nass von Tränen der Glückseligkeit warf der Dieb sich vor Krishnas heiligen Füßen zu Boden.

Mit einem verschmitzten Lächeln blickte der allwissende Krishna ihn an und sagte: „Ein Dieb ist genug für Vrindavan!" Der Dieb jedoch war völlig von Krishnas göttlicher Schönheit gebannt.

Der Weise Narada erzählt in seinen *Aphorismen über die Hingabe* von der Herrlichkeit eines wahren Devotees:

> *kantha-avarōdha-rōmañca-*
> *aśrubhiḥ parasparam lapa-mānāḥ*
> *pāvayanti kulāni pṛthivīm ca.*

Solche Devotees, die sich mit erstickter Stimme unterhalten, denen die Haare zu Berge stehen und bei denen die Tränen fließen, reinigen sowohl ihre Familien als auch die Erde. (68)

Die Verbindung zwischen Gott und seinem Devotee, dem Guru und dem Schüler, geht über Intellekt und Logik hinaus. Es ist ein tiefes Gefühl der Einheit, eine Identität. Jemand, der eine solche Liebe nicht erfahren hat, der Liebe nur als eine physiologische Beziehung zwischen zwei Menschen kennt, kann die Tiefe und Reinheit dieser Liebe nicht verstehen. Er wird sie mit Sicherheit falsch interpretieren, vielleicht sogar als verrückt abstempeln. Natürlich gibt es auch in der gewöhnlichen Liebe (der weltlichen Liebe) einen gewissen Grad an Verrücktheit. „Ich bin wahnsinnig in dich verliebt" ist auf der ganzen Welt ein gebräuchlicher Satz. Wenn dies der Fall ist, ist die „Verrücktheit" in der spirituellen Liebe, die über die physiologische und emotionale Liebe hinausgeht, noch viel größer. Denn die Liebe, ob spirituell oder weltlich, ist an sich schon irrational. Logik und Rationalisierung haben in der Liebe keinen Platz.

Amma sagt: „Liebe wird niemals alt. Sie ist immer neu."

Gegenstände und Menschen werden alt, weniger nützlich und verlieren ihre Attraktivität. Je älter sie werden, desto mehr verlieren sie ihre Anziehungskraft und die Freude, die sie geben. Die Schönheit und Anziehungskraft wahrer Liebe hingegen sind unvergänglich. Viele sagen: „Ich liebe meinen Partner nicht mehr so sehr, wie früher." Eine ehrliche Selbstanalyse würde zeigen, dass sie diese Person nie wirklich geliebt haben. Was als „Liebe" interpretiert wurde, war nur körperliche und emotionale Anziehung. Weltliche Liebe bleibt immer auf dieser Ebene und wird nie darüber hinausgehen.

Mit Ammas Worten: „Liebe ist ein beständiges Gefühl. Unabhängig von Zeit und Ort ist sie immer in einem. Niemand sagt seinem Geliebten: ‚Okay, morgen zwischen 14.00 und 15.00 Uhr, ist der Termin, um Liebe auszudrücken!' So etwas wäre undenkbar."

Die Liebe ist ein geheimnisvolles Ding. Je mehr man sie zu erklären versucht, desto unerklärlicher wird sie.

Vor kurzem hatte ich ein Gespräch mit einem jungen Chirurgen, in dem er mir die komplizierten Operationen beschrieb, die er durchführt. Er schloss seine Rede mit den Worten: „Weißt du, Swamiji, unsere Schriften haben recht, wenn sie sagen, dass der Körper eine so elende und ekelhafte Angelegenheit ist. Er ist einfach nur Dreck." Kurz nach dieser Aussage wechselte er das Thema und kam auf seine Freundin zu sprechen. Als er mir erzählte, dass er seine Eltern nicht davon überzeugen konnte, ihnen ihren Segen für eine Heirat zu geben, wurde er emotional und sagte: „Aber ich kann nicht ohne sie leben!"

Sieht man den offensichtlichen Widerspruch in der Haltung des Arztes? Zuerst berichtet er über die abstoßende Natur des menschlichen Körpers und im nächsten Moment spricht er voller Begeisterung und Emotionen von seiner Geliebten. Was zeigt das? Es bedeutet, dass die Liebe etwas ist, das über das Körperliche hinausgeht. Sie kümmert der Körper, seine Begrenzungen, der Schmutz, die Hässlichkeit und all die kleinlichen Gefühle nicht. Die Liebe, egal ob gewöhnliche oder spirituelle, übersteigt den menschlichen Intellekt und all seine Berechnungen.

Es ist unmöglich Liebe zu messen. Man kann höchstens spüren oder beobachten, wie sehr man sich mit dem Geliebten identifiziert. Je mehr man sich mit dem Geliebten identifiziert, desto mehr Liebe spürt man. Was würden Sie zum Beispiel antworten, wenn jemand Sie fragen würde: „Wen lieben Sie mehr, Ihre Arbeit oder Ihre Frau?" Ihre spontane Antwort, die Sie geben, ohne auch nur einen Moment nachzudenken, verrät den Grad Ihrer Liebe. Die Antwort, wie auch immer sie ausfällt, verrät die Stärke ihrer Identifikation.

Abhängig von der Intensität der Identifikation entwickelt sich auch die Einheit mit dem Geliebten. In einer solchen Beziehung findet Kommunikation auch jenseits von Worten statt. Dieses Phänomen ist sogar bei weltlicher Liebe zu beobachten. Die meisten von uns haben schon gehört, wie ein Partner erzählt: „Ich hatte gerade daran gedacht, sie anzurufen und just in diesem Moment rief sie mich an. Ich habe geträumt, dass er mir seine Eltern vorstellt und am nächsten Tag hat er sie mir tatsächlich vorgestellt. Ich war völlig überrascht. Ich hatte ihm nicht einmal von dem Traum erzählt."

Wenn dies schon bei ganz gewöhnlicher Liebe geschieht, einer Empfindung, die nur auf der körperlichen und emotionalen Ebene des Bewusstseins beruht, dann ist die spirituelle Liebe, eine Erfahrung jenseits von Körper und Mind. Sie führt den Devotee mit Sicherheit auf eine viel tiefere Ebene, einer Ebene der Einheit mit Gott auf der sich Schüler und Guru vereinen. Diese Einheit trägt auch eine wesentlich größere Dimension von „Ruf und Antwort" in sich.

Von den unzähligen Erfahrungen, mit denen Amma mich in ihrer Gnade überschüttet hat, möchte ich von einem Erlebnis erzählen, das die Macht von „Ruf und Antwort" veranschaulicht:

1981 bat mich Amma, meinen Master-Abschluss in Philosophie zu machen, woraufhin ich sie fragte, wer mich unterrichten solle. Amma sagte: „Es gibt einen Professor in Changanassery (eine Stadt, die etwa 50 Kilometer vom Ashram entfernt liegt). Wenn du dorthin gehst und mit ihm sprichst, dann wird er hierher kommen, um dich zu unterrichten." Ich machte mich auf die Suche nach dem Professor, dem ich nie zuvor begegnet war. Ich hatte keine Ahnung, ob er bereit sein würde, in den Ashram zu kommen, um mich zu unterrichten, aber ich hatte vollkommenes Vertrauen in Ammas Worte. Ich fand heraus, dass dieser Professor ein bedeutender Gelehrter war, der schon mehr als 25 Bücher verfasst hatte. Mitte der 1970er Jahre war er als Fulbright-Stipendiat in die Vereinigten Staaten gegangen, um sein Studium in westlicher Philosophie zu vertiefen.

Zuerst ging ich zu seiner Privatadresse. Dort teilte mir seine Frau mit, dass er gerade in der Universität sei. Also ging ich als nächstes zu der Hochschule. Während ich dort auf ihn wartete, stellte ich mir einen ernst aussehenden, ehrwürdigen Mann in einem modischen Outfit vor, der jeden Moment vor mir stehen würde. Ich war ein wenig nervös, da ich den Professor noch nie zuvor getroffen hatte und nicht wusste, wie er so war.

Nachdem ich eine halbe Stunde lang in einem der Klassenzimmer gewartet hatte, betrat eine seltsam aussehende Person den Raum. Zuerst dachte ich, es sei einfach nur irgendjemand, aber als er sich als der Professor vorstellte, auf den ich gewartet hatte, verschlug es mir die Sprache. Ich will nicht respektlos sein, aber um ehrlich zu sein, sah er aus wie eine viel lustigere indische Version von Hardy, dem einen Teil des berühmten

Komikerduos Laurel und Hardy. Seine Lippen waren rot verfärbt, denn er kaute eine Kombination aus Betelblättern, Tabak und Areca-Nuss (*Paan*). Der Mund des Professors war so voll mit dem Zeug, das er kaum sprechen konnte. Mit dem Turban auf dem Kopf, dem hochgeschlagenen *Dhoti* und den großen Augen dachte ich mir: „Was für eine bizarre Figur! Vergiss es. Er wird nie in den Ashram kommen, um mich zu unterrichten. Und selbst wenn er kommen würde, wie soll ich es schaffen, vor dieser seltsam aussehenden Person zu sitzen und etwas zu lernen? Ich muss Amma darum bitten, jemand anderen zu finden."

Obwohl ich mich in seiner Gegenwart sehr unwohl fühlte, stellte ich mich vor und erklärte ihm den Grund meines Besuchs. Er antwortete prompt: „Da kann ich nicht hinkommen. Ich werde nicht kommen. Ich habe keine Zeit. Wenn Sie wollen, kommen Sie am Wochenende hierher und ich werde versuchen, etwas Zeit für Sie zu finden." Dann fügte er hinzu: „Außerdem bin ich ein Atheist. Ich habe absolut kein Interesse daran, Zeit in einem Ashram zu verbringen."

Damit war das Thema beendet. Er erhob sich und ging zur Tür. Da ich ihn nicht hatte davon überzeugen können, in den Ashram zu kommen, um mich zu unterrichten, stand ich ebenfalls auf, um zu gehen. Als ich mich umdrehte, um das Klassenzimmer zu verlassen, hörte ich hinter mir eine Stimme:

„Einen Moment." Es war der Professor. Er fuhr fort: „Wenn ich Ihr Gesicht sehe, kann ich irgendwie einfach nicht ‚nein' sagen. Also werde ich nächstes Wochenende zu Ihnen kommen und mir die Umgebung mal ansehen." Ich war mir schlagartig sicher: Das war Ammas Werk.

Wie intellektuelle Menschen manchmal so sind, war auch dieser Professor ein wenig exzentrisch. Es gab Tage, an denen er mit dem Unterricht anfing, bevor ich anwesend war, und das obwohl ich sein einziger Student war.

Einmal, nur wenige Wochen nachdem er angefangen hatte, in den Ashram zu kommen, geriet ich heftig mit ihm aneinander. Damals gab es nur kleine Hütten, in denen wir wohnten. In einer dieser Hütten am äußersten Ende des Grundstücks war Amma dabei Darshan zu geben, während der Professor und ich am anderen Ende des Grundstücks saßen, wo Ammas Eltern wohnten. Kurz bevor der Unterricht begann, wandte ich mich

Ammas Bild zu und betete. Sobald ich mit dem Gebet fertig war, bemerkte der Professor: „Warum beten Sie? Wird sie Ihre Gebete erhören? Nur Ihre harte Arbeit zählt. Es wird kein Gott oder Guru kommen, um Ihnen zu helfen."

Seine Bemerkung verletzte mich tief. Ich fühlte mich, als hätte jemand meinen Glauben an Amma angezweifelt und die altehrwürdige Guru-Schüler-Beziehung insgesamt in Frage gestellt. Natürlich ist es weder meine Aufgabe, die Leute von meinem Weg und meinem Glauben zu überzeugen, noch ist dies nötig. Trotzdem entgegnete ich dem Professor an jenem Tag überstürzt und sagte entschieden: „Ja, Amma erhört jedes einzelne Gebet. Soll ich es Ihnen zeigen?"

Er sagte: „Ja, wenn Sie sich trauen."

Voll Inbrunst erwiderte ich dem Professor in unnachgiebigem Ton: „Warten Sie's nur ab! Die Hütte, in der Amma gerade sitzt und Darshan gibt, liegt weit von uns entfernt und ich bin hier, mit Ihnen. Aber Sie werden schon sehen! Amma wird jeden Augenblick jemanden hierher schicken, um mich zu holen."

Er sagte: „Okay, warten wir es ab. Aber ich bin mir sicher, es wird nicht geschehen."

Ich sagte: „Amma wird mich ganz sicher zu sich rufen. Wenn es soweit ist, kommen Sie dann mit und verbeugen sich vor ihr?" Zu diesem Zeitpunkt gab der Professor mir schon fast vier Wochen lang an den Wochenden Unterricht. Trotzdem hatte er Amma in dieser Zeit nicht ein einziges Mal begrüßt. Er war zuversichtlich, dass Amma mich nicht innerhalb der nächsten paar Minuten zu sich rufen würde, denn das war bisher noch nie während seiner Vorlesungen passiert.

Aus logischer Sicht und unter Berücksichtigung der Umstände war eine plötzliche und unerwartete Nachricht von Amma nicht zu erwarten. In jenen Tagen gab es keine so dringenden Dinge, die ein solches Verhalten begründen würden. Also sagte der Professor: „Ja, ich werde absolut mitkommen. Ich verspreche es." Die Wege des Universums sind unergründlich.

Wenige Minuten später erschien ein Brahmachari in der Tür der Hütte und sagte an mich gewandt: „Amma ruft dich."

Während der Professor noch mit weit aufgerissenen Augen dasaß, rannte ich schon aus der Hütte zu Amma. Als ich bei ihr ankam, sah

Amma mich an und fragte mich nur: „Sohn, hattest du Amma gerufen?"

Mir fehlten die Worte, um meine Gefühle auszudrücken. Während ich sie voller Liebe und Dankbarkeit anstarrte, sah ich, wie der Professor die Darshan-Hütte betrat und Amma zu Füßen fiel.

Das ist die Kraft eines echten Gebets.

Amma sagt: „Gott hört unseren Gebeten immer zu. Aber wir haben nur das Recht zu beten. Wann die Antwort kommt, ist Gottes Entscheidung. Es liegt in Gottes Hand. Menschliche Regeln von Ruf und Antwort gelten hier nicht. Man sollte fest daran glauben, dass es zu unserem Besten ist, ob Gott jetzt oder später oder in einem anderen Leben antwortet. Manchmal kommt Gottes Antwort sofort. Wenn das geschieht, sollte uns klar sein, dass dies dazu dient unseren Glauben zu stärken. Eine späte Antwort, die erst nach langem Warten kommt, bedeutet, dass Gott möchte, dass wir unseren Glauben verstärken. Und wenn eine Antwort vollständig ausbleibt, dann sei gewiss, dass Gott etwas himmlisches für dich bereithält."

Das einzige Ziel des Gurus ist es, dem Schüler zu zeigen, dass der Guru und der Schüler in Wirklichkeit eins sind - dass beide dasselbe Bewusstsein sind. Das Herz des Schülers ist verschlossen, blockiert durch Schichten aus Negativität, die sich während unzähliger Leben angesammelt haben. Die Gedanken und Emotionen in seinem Mind bilden einen dichten Stau. Der Guru kennt jede Technik, um diesen Stau aufzulösen. Sie kennt auch alle Abkürzungen, die möglich sind, um schneller ans Ziel zu gelangen, denn sie ist die Einzige, die mit den richtigen Schlüsseln zur Öffnung des Herzens vertraut ist. Sobald das Herz geöffnet ist, wird der Guru den Schüler mit einer federleichten Berührung in den weiten Ozean von *Sat-Chit-Ananda* (reines Sein, reines Bewusstsein und reine Glückseligkeit) stoßen. Das Herz ist das Tor zu Gott und zur Selbstverwirklichung.

Es ist nicht leicht, diesen speziellen „Öffnungspunkt des Herzens" zu erreichen. Daran ist der Mind schuld. Gegenwärtig hat der Mind mit seinen unzähligen Zweifeln und tiefsitzenden Gewohnheiten das Herz völlig überrannt und überwältigt. Es ist schwierig, den Mind von etwas zu überzeugen.

Der Mind sammelt ohne Ausnahme alles, sowohl Gutes als auch Schlechtes, Notwendiges und Unnötiges. Ich hatte einen Freund, der den Drang verspürte, jedes geparkte Fahrzeug zu berühren, an dem er auf der Straße vorbeiging. Ganz gleich, ob wir, seine Freunde, bei ihm waren oder ihn jemand beobachtete, er behielt dieses schräge Benehmen bei. Wir hänselten ihn wegen dieses seltsamen Ticks, aber er sagte immer: „Ich kann nicht anders. Ich muss es einfach tun." Der Mind funktioniert so ähnlich. Er möchte jedes beliebige Ding „anfassen", ob es nun sinnvoll ist oder nicht.

Obwohl wir ständig über alles urteilen, schaffen wir es meistens nicht einmal, logisch zu handeln. Ein Beispiel: Viele Menschen haben wichtige Fragen an Amma, oftmals über wichtige Entscheidungen in ihrem Leben. Allerdings ist es oft so, dass sie sich im Grunde bereits entschieden haben, wie sie vorgehen wollen. Sie erwarten nur noch von Amma, dass sie mit dieser Entscheidung einverstanden ist! Wenn nicht, denken sie, Amma hat ihnen nicht die richtige Anweisung gegeben. Dies ist nicht die richtige Einstellung. So eine Einstellung hat nichts mit Hingabe, Liebe oder Glauben zu tun. Man sucht nur nach einer

Bestätigung für die Entscheidungen, die man bereits getroffen hat. Dabei dreht man die ganze Reihenfolge um.

Wenn man so selbstbewusst ist, was die eigenen Entscheidungsfähigkeit angeht, warum sucht man dann überhaupt Ammas Rat? Warum nicht einfach weiterhin tun, was man möchte, und gleichzeitig um den Segen des Gurus beten; ohne Gott oder dem Guru die Schuld zu geben. Oder man kann offen sein, die Führung des Gurus annehmen und dann dem entsprechend handeln.

Ein Satguru wie Amma ist wie unser engster Freund. Sie hält unsere Hand und führt uns auf den richtigen Weg. Sie öffnet uns die Augen und hilft uns, über den Mind hinauszuwachsen. In dem Moment, in dem wir anfangen, nach innen zu schauen, beginnt sich unser drittes Auge zu öffnen.

In den Upanishaden finden sich viele Beispiele für wahre *Guru-Bhakti* (Hingabe an den Guru). Viele der Geschichten handeln von Schülern, die ausschließlich durch ihre Hingabe, ihren Gehorsam, ihre Selbstlosigkeit und ihre Ergebenheit gegenüber ihrem Guru Verwirklichung erreicht haben. Solche *Guru-Bhakti* ist wie Strom, der in eine Richtung durch ein Kabel fließt, vom Guru zum Schüler.

Die transzendentalen Erfahrungen der historischen Rishis, wie sie in den heiligen Schriften überliefert werden, lassen auf eine höchste Realität, auf eine kosmische Intelligenz schließen. Trotzdem ist Gott für die Schüler und Devotees nur ein Konzept, ein Bild, das sie in einem Tempel oder auf Gemälden sehen können.

Durch den Satguru jedoch, bekommen alle Konzepte, die in den heiligen Schriften beschrieben werden, eine physische Gestalt. Er ist die Verkörperung der Liebe, des Mitgefühls, der Reinheit, der Geduld, der Nachsicht, der Standhaftigkeit, der Feinfühligkeit und aller anderen edlen Eigenschaften. Satgurus sind der einzige Beweis für die Existenz Gottes, der höchsten Wirklichkeit. Die Anwesenheit, die Worte und die Taten des Satgurus zeigen unmissverständlich: „Ja, Gott existiert, weil der Guru existiert."

So sagt die *Guru Gita*:

> *dhyānamūlam gurōrmūrtiḥ*
> *pūjāmūlam gurōḥ padam*
> *mantramūlam gurōrvākyam*
> *mōkṣamūlam gurōḥ kṛpā*

Die Quelle der Meditation ist Gurus
Form; Die Quelle der Verehrung sind
die Füße des Gurus; Die Quelle des
Mantras ist Gurus Wort; Die Quelle der
Verwirklichung ist Gurus Gnade. (1 – 2)

4 DIE GÖTTLICHE MUSIK, DIE MICH AUFWECKTE

Der Klang einer Bambusflöte ruft einem sofort die Gestalt von Muralidharan,[3] Lord Krishna, vor Augen, wie er göttliche Melodien auf seiner Flöte erklingen lässt. Er spielte auf seiner Bambusflöte so bezaubernde, melodische Musik, dass sogar Vögel, Tiere und himmlische Wesen von ihr angelockt werden.

Die Beziehung von *Murali* (Flöte) und Muralidharan ist wie die Beziehung zwischen dem

---

[3] Träger der Flöte; ein anderer Name von Lord Krishna.

Devotee und Gott. Für mich hat Krishna nicht nur in Vrindavan und Mathura gelebt. Er war nicht nur der Sohn von Devaki und Vasudeva. Er lebte nicht nur im Dvaapara Yuga;[4] noch war er nur in Dwarakapuri anzutreffen. Er ist genau hier und jetzt, bei mir, und lebt in dieser Welt. Er hat nur seine physische Erscheinung von einer männlichen Form zu einer weiblichen geändert und trägt jetzt einen neuen Namen: Amma, Sri Mata Amritanandamayi Devi. Seinen Wohnsitz hat er von Dwarakapuri nach Amritapuri verlegt.

Es wäre nur eine Enttäuschung, wenn man erwartet, denselben Krishna zu sehen, der vor fünftausend Jahren lebte, in Mathura geboren und nach Vrindavan gebracht, wo er mit den *Gopas* (Kuhhirtenjungen) und *Gopis* spielte, eine Pfauenfeder ins Haar gesteckt auf einer Bambusflöte spielend, als Wagenlenker des großen Kriegers Arjuna (der dritte Pandava-Bruder im Mahabharata-Krieg) die tiefgründige Lehre erteilte, die als *Bhagavad Gita* bekannt ist. Aber wozu enttäuscht

---

[4] Eines der vier Yugas (Zeitalter), die nach der hinduistischen Kosmologie einen Schöpfungszyklus darstellen. Lord Krishna lebte während des Dvapara Yuga und war der Herrscher des Königreichs Dwaraka. Das gegenwärtige Zeitalter ist als Kali Yuga bekannt.

sein? Gott ist unendlich und Gott wiederholt sich nicht. Gott nimmt nicht zweimal dieselbe Gestalt an. Nur Menschen mit ihren begrenzten Mitteln wiederholen sich und langweilen sich dann möglicherweise dabei. Gott ist unendlich, erscheint in unendlich vielen Formen und hat unendlich viele Namen. Es gibt keine Langeweile. Es gibt nur Weite.

Krishna war eine wunderschöne und perfekte Mischung aus den weiblichen und männlichen kosmischen Energien, Schöpfer und Schöpferin in perfekter Balance. Amma ist ebenso perfekt.

Vielleicht fragt man sich: Was bedeutet dieses Flötenspiel? Dass diese Frage kommen würde, war zu erwarten. Was der Bambusflöte von Lord Krishna entströmte, war nicht einfach nur Musik; es war die unvergängliche Melodie der höchsten Liebe, die alle Geschöpfe, ob beweglich oder unbeweglich, zu ihm hinzog. Ammas Bhajans tun dasselbe. Man kann ihr nicht beim Singen zuhören, ohne unweigerlich von ihr angezogen zu werden.

Das Wort ‚*Krshnaha*‘ leitet sich von der Sanskritwurzel ‚*Krsh*‘ ab und hat verschiedene Bedeutungen: anziehen, pflügen oder entwurzeln.

Diesen Worten wachsen in Ammas Gegenwart Flügel. Amma ist die reine Liebe. Herzen, die von ihr angezogen werden, geben sich ihr hin. Als Satguru pflügt sie das Feld unseres Minds, reinigt uns, indem sie die Steine und die Klumpen der Verunreinigungen darin zertrümmert, die Samen edler Tugenden in uns sät und uns hilft, allmählich die Frucht der Selbstverwirklichung zu erlangen. Wenn man es so betrachtet, erkennt man, dass Lord Krishna, seine göttliche Flötenmusik und Ammas heilige Gegenwart, die Quelle grenzenloser Liebe , eins sind. Amma ist das heilige Lied der höchsten Liebe, das die Göttlichkeit in uns Menschen berührt und erweckt.

Verwirklichte Seelen sind eins mit der formlosen transzendentalen Realität. Es bedarf eines besonderen *Sankalpas* von Ihnen, um einen Körper anzunehmen und in der Welt zu wirken Dieses Sankalpa kann nur mit ihrer reinen Liebe und ihrem Mitgefühl für die Menschheit erklärt werden. Selbst während sie damit beschäftigt sind ihre göttliche Mission zu erfüllen, bleiben sie völlig frei und unberührt von ihren Handlungen und den daraus resultierenden Ergebnissen. Vollkommen im Zustand von Sahaja Samadhi verankert, bleiben sie absolut frei von dem Gefühl von ‚ich‘ und ‚mein‘. Selbst inmitten aller Aktivitäten sind sie vollständig ohne Ego und immerzu zufrieden.

In der *Mundaka Upanishad* wird dies sehr schön beschrieben:

dvā suparṇā sayujā sakhāyā
samānam vṛkṣam pariṣasvajātē
tayōr anyaḥ pippalam svadu atti
anaśnan anyō abhicākaśīti
samānē vṛkṣē puruṣō nimagno
anīśayā śōcati muhyamānaḥ
juṣṭam yadā paśyati anyam īśam
asya mahimānam iti vītaśōkaḥ

Wie zwei Vögel mit goldenem Gefieder, die unzertrennliche Gefährten sind, sitzen sie auf demselben Ast eines Baumes. Einer von ihnen kostet die süßen und bitteren Früchte des Baumes; der andere, der keine der Früchte isst, schaut ruhig zu. Auf demselben Baum sitzt die individuelle Seele (*jiva*), getäuscht dadurch, dass sie ihre Identität als göttliches Selbst vergessen hat, verwirrt durch ihr Ego, traurig und betrübt. Aber wenn sie den anderen als den von allen verehrten Gott und seine Herrlichkeit erkennt, wird sie von ihrer Trauer befreit. (3.1.1 - 2)

Hier, in der Welt der Vielfalt, existieren Gott, die Menschen, ja alle Lebewesen, gemeinsam. In Wirklichkeit ist eine Existenz ohne Gott unmöglich. „Ich existiere" bedeutet somit gleichzeitig: „ich bin, weil Gott ist". Erkennen wir dies, werden wir frei von jeglichem Leid, wie Traurigkeit, Angst, Depression, Ärger, Gier, Eifersucht, Hass, Vorlieben und Abneigungen und so weiter. Sie alle sind nichts anderes als Auswüchse des Leidens (Soka) - Symptome der Krankheit, die als Samsara, Ozean des Leidens, bekannt ist.

Ein erleuchtetes Wesen lebt wie alle anderen Menschen in dieser Welt und agiert durch seinen Körper und Mind. Eine Person, die den Körper mit dem „Selbst" verwechselt, könnte den Eindruck gewinnen, dass diese großen Wesen auch ein Gefühl der Dualität haben. Jedoch identifizieren sie sich absolut nicht mit ihrem Körper und ruhen vollständig in ihrem Selbst.

Betrachten wir Gott Shivas *Damaru* (kleine Trommel, die er in seiner Hand hält): Das

Instrument sieht aus wie zwei Dreiecke, die sich an der Spitze treffen. Die Enden sind breit und die Mitte ist schmal. In diesem Bild ist das höchste spirituelle Geheimnis versteckt. Die individuelle Seele *„Jiva'* und das Höchste Selbst, *Shiva*, sind in Wirklichkeit miteinander vereint. Sie sind ein und dasselbe. Individualität ist nichts anderes als die Einheit in einer bestimmten Form mit einem bestimmten Namen.

An einem Abend im Jahr 1979 traf ich Amma zum ersten Mal. Ich kam mit vielen Fragen und hatte vor, ihr einige davon zu stellen: ob ich in meinen Bachelorprüfungen gut abschneiden würde, Fragen über die Zukunft und noch andere, ähnliche Fragen. Die Leute, mit denen ich zu Amma fuhr, sagten mir: „Du brauchst ihr nichts zu sagen. Sie wird dir alles beantworten." Ich beschloss, herauszufinden, ob das stimmte.

Zu dieser Zeit kannte ich nicht einmal die spirituellen Grundbegriffe. Ich hatte auch keine Ahnung, was für ein großer Guru Amma ist. Die einzigen Informationen, die ich hatte, waren die unvollständigen und nicht sehr überzeugenden Berichte, die ich von meinen Gefährten bekommen hatte. Außerdem war es mir damals

unglaublich wichtig, eine Antwort auf die Frage
zu erhalten: „Mein Leben, was kann ich tun, um
meine Zukunftsangst zu verlieren?" Die wichtigste
Entscheidung, die ich treffen musste, war, ob ich,
Schauspieler, Sänger oder etwas anderes werden
sollte.

In einem Fährboot sitzend, auf halbem Weg
über die Backwaters, hörte ich die Klänge eines
Liedes, die zu mir herüberwehten. Obwohl der
Gesang von der anderen Seite des Flusses kam,
war die Stimme voller Gefühl und übte eine unglaubliche Anziehungskraft auf mich aus. Je mehr
wir uns dem Ort näherten, desto klarer wurde der
Gesang. Es war Amma, die sang. Ihre Stimme war
ganz ohne Zweifel anders als andere Stimmen.
Sie hatte eine unbeschreibliche, ganz besondere
Dimension. Hatte sie die Kraft, spontan das Herz
zu öffnen? Ja, dachte ich, das hat sie.

Das Lied, das Amma sang, war:

ammē bhagavati nitya kanyē dēvi
enne kaṭāksippān kumbiṭunnēn

O göttliche Mutter, die ewige Jungfrau,
ich verneige mich vor Dir für Deinen
gnädigen Blick

Zu dieser Zeit gab es weder den Mata Amrita-nandamayi Math noch den Ashram. Die einzigen Gebäude, die damals dort standen, waren das Haus, in dem Ammas Eltern wohnten, ein winziger Tempel mit einem angrenzenden Schuppen, dessen Dach aus Palmwedeln bestand. Dennoch hatte die Umgebung eine faszinierende Ausstrahlung; der Ort hatte eine so unwiderstehliche Anziehungskraft!

Als ich vor dem Tempel stand, flüsterte einer meiner Begleiter: „Möchtest du ein paar Bhajans singen?" Ich dachte: „Warum diese Gelegenheit nicht nutzen?" Ich sang bereitwillig ein paar andächtige Lieder. Während ich auf der kleinen Veranda sang, ging mein Mind spontan in einen meditativen Zustand über. Ich hatte das Gefühl, als würde Amma mich ein-, zweimal ansehen, während sie den Devotees im Inneren des Tempels Darshan gab. Aber nein, da musste ich mich sicherlich irren!

Amma sagte später zu mir: „In dem Moment, als du gesungen hast, wusste Amma, dass diese Stimme dazu bestimmt ist, mit Gott zu verschmelzen. In diesem Moment hat Amma dich mit ihrem Mind verbunden."

„Mich mit ihrem Mind zu verbinden!" Ich verstand nicht, was Amma damit meinte. Doch die hundertachtzig Grad Drehung meiner Sicht auf das Leben, die ich nach dieser ersten Begegnung mit Amma erfuhr, war an sich bereits die Erklärung von Ammas Aussage.

An diesem ersten Tag ging ich zu Amma, als ich an der Reihe war, ihren Darshan zu empfangen. In ihrer Nähe angekommen, begannen alle Fragen, die mir bis vor wenigen Augenblicken noch durch den Kopf gegangen waren, wie Schnee in der Hitze dahin zu schmelzen. In dem Moment, als ich in Ammas Armen lag, war es mir unmöglich mit ihr zu sprechen. In ihren Augen und ihrem Gesicht sah ich einen Ozean des Mitgefühls.

Ich kann nur versuchen diese Erfahrung zu beschreiben: „Mir war, als würde ich die Liebe und Zuneigung aller Mütter der Welt in mich aufsaugen. Ich war überwältigt von der Erfahrung, all diese Liebe hier in diesem Moment zu berühren." Eine riesige Welle aus diesem Ozean verschlang mich. Was dann folgte, ist unbeschreiblich. Es war, als würde ich nach vielen Jahren im Exil endlich heimkehren; wie ein Gefangener, der schon sehr lange im Gefängnis sitzt und unerwartet in einem Moment entlassen wird, in dem er am allerwenigsten damit gerechnet hatte. Es war ein wenig, als würde ein kranker alter Mann sich plötzlich wieder in einen Teenager zurückverwandeln. Vielleicht war die Erfahrung auch eher die eines Bettlers, der ohne ersichtlichen Grund mit Aladins Wunderlampe gesegnet wird. Aber selbst diese Beispiele reichen nicht an die Fülle und Ganzheit meiner tatsächlichen Erfahrung heran.

Ohne dass es mir bewusst war, wurden die Türen meines Herzens aufgestoßen. Ich brach in Tränen aus. Tränen der Glückseligkeit, die direkt aus meinem Herzen strömten. Amma umarmte mich ganz fest, während sie mir ins Ohr flüsterte: „Kind! Wonach suchst du? Du bist mein, mein Sohn, und ich bin deine Mutter." Und dann offenbarte Amma alles, was vorher in meinem Kopf vorgegangen war. Aber ich war in einem Zustand, in dem kein Mind und keine Worte mehr existierten. Das war der Moment, in dem ich erkannte, dass alles, was ich im Leben für ‚wichtig' gehalten hatte, komplett ‚unwichtig' war!

Ich habe keine Worte, um meine erste Begegnung mit Amma wirklich zu beschreiben. Diese

Beschreibung ist nur die „Spitze des Eisbergs", ein klitzekleiner Versuch, auf eine begreifbare Weise darzustellen, was meine ungreifbare Erfahrung war.

Das alles ist inzwischen vierzig Jahre her. wie schnell die Zeit vergangen ist! Wie viele Veränderungen stattgefunden haben! Der Ashram ist zu einer riesigen Organisation geworden, mit Zweigstellen in der ganzen Welt, Millionen von Devotees, mit humanitären Aktivitäten, die über nationale Grenzen hinausgehen und internationale Ehrungen und Anerkennung durch die Vereinten Nationen erhalten haben. Auf den Gebieten der Bildung, der medizinischen Wissenschaft und der Forschung wurden durch Amma revolutionäre Innovationen geschaffen und man hat ihr internationale Auszeichnungen verliehen. Die Liste ließe sich noch weiter fortsetzen.

Amma ist das Symbol und die Repräsentantin der alten Weisheit der erhabenen Linie der Rishis, der Seher Indiens. Daher lebt sie jenseits aller Beschränkungen von Sprache, Nationalität, Kultur, Hautfarbe usw. Ihr Leben ist zum Wohle der gesamten Menschheit. Um es mit Ammas eigenen Worten zu sagen: „Für mich ist die ganze Welt wie eine Blume. Jedes Blütenblatt steht für ein Land. Wenn ein Blütenblatt von Schädlingen befallen ist, werden auch die anderen davon betroffen werden. Ich liebe die Blume als Ganzes, denn die Schönheit der Blume liegt in ihrer Ganzheit."

Die Maha Upanishad, ein Teil der *Samaveda*[5] Tradition, sagt:

> *ayam bandhurayam nēti*
> *gaṇanā laghucētasām*
> *udāracaritānām tu*
> *vasudhaiva kuṭumbakam*

> Die Unterscheidung ‚Diese Person ist meine und diese nicht' wird nur von Engstirnigen (d.h. den Unwissenden, die in der Dualität leben) gemacht. Für diejenigen, die sich edel verhalten (d.h. die Höchste Wahrheit kennen), ist die ganze Welt eine Familie (eine Einheit). (6.72)

Amma ist die vollkommene Verkörperung dieser Aussage aus den Upanishaden.

---

[5] Einer der vier Vedas.

Aber trotz allem ist Amma immer gleich geblieben. Ammas Leben erinnert an die Worte von Lord Krishna: *„Kutasthamacalam Dhruvam,"* „Das, was unveränderlich, still und ewig ist." (*Bhagavad Gita,*[6] 12.3)

Um es mit Ammas eigenen Worten zu sagen: „Es gab Zeiten, in denen die Menschen Dornen auf meinem Weg verteilt haben. Damals und auch jetzt, wo die Menschen Blumen auf meinen Weg streuen, bleibe ich Das(Eins). Ich bin immer eins mit dem Einen."

Wenn der Lehrer nicht im Klassenzimmer ist, was für ein Aufruhr und Lärm dann dort herrschen! Aber sobald die Schüler auch nur den Schatten eines Lehrers in der Ferne auftauchen sehen, sitzen sie still und sind leise. Die Anwesenheit einer Seele wie Amma hat eine ähnliche Wirkung. Bereits durch ihre bloße Anwesenheit, *Sannidhi Matrena*, geschieht alles.

Ich habe mal ein Gedicht gehört, in dem Gott als der Herrscher über das Universum beschrieben

---

[6] ‚Lied des Herrn'. Es umfasst die Lehren, die Lord Krishna Arjuna zu Beginn des Mahabharata-Krieges gab. Es ist ein praktischer Leitfaden für die Bewältigung einer Krise in unserem persönlichen oder gesellschaftlichen Leben und ist die Essenz der vedischen Weisheit.

wird, der alles durch die bloße Bewegung seiner Augenbrauen steuert. Wie ist das möglich? Hat Gott Augenbrauen? Selbst wenn er welche hat, wie kann er das ganze Universum nur dadurch kontrollieren, dass er sie bewegt? Es ist normal, dass man solche Zweifel hat. Um ehrlich zu sein, weiß ich nicht viel über diese spezielle Angelegenheit, denn wie jeder andere auch, weiß ich nicht viel über einen solchen Gott. Aber ich habe erlebt, wie sich durch Ammas bloße Anwesenheit, alles zur richtigen Zeit und auf die richtige Weise ergibt.

Allein dadurch, dass man Amma beobachtet, kann man alles lernen. Ihr Leben ist das perfekte Lehrbuch für das Leben, passend für Menschen aller Nationen, Sprachen, Kulturen und religiösen Überzeugungen. Ihr Leben ist das perfekte Beispiel für echte Meditation, wahre Liebe, Mitgefühl, Selbstlosigkeit, Geduld, Nachsicht und Entschlossenheit. Amma zeigt uns, wie wir verschiedensten Menschen am besten begegnen - sogar unseren Feinden. Täglich lebt sie uns vor, wie man mit Kindern aller Altersgruppen umgeht, wie man den Mind und äußere Situationen perfekt managt. Sie zeigt uns Zeitmanagement, Abfallmanagement, Katastrophenmanagement, sogar wie man am besten mit Geld und allen anderen Aspekten des Lebens umgeht.

Jede Handlung von Amma ist Kunst. Damit will ich nicht sagen, dass sie eine Künstlerin ist. Vielmehr ist sie die Kunst selbst - die Inkarnation der Göttinnen Lakshmi und Saraswati[7]. Amma ist keine Sängerin, aber ihre Lieder berühren die Herzen der Menschen und lösen in ihnen Wellen der Liebe und Glückseligkeit aus. Amma ist keine Rednerin, aber ihre Worte haben die Kraft, die Herzen der Menschen zu transformieren. Amma ist keine Tänzerin, aber wenn sie tanzt, vergessen wir uns selbst vor Glückseligkeit.

Jeder von uns wird zweimal geboren. Zuerst, werden wir als Baby von unserer Mutter geboren. Die zweite Geburt findet statt, wenn wir einen Satguru finden. Babys sind unschuldig, aber ihre Unschuld hält nicht lange an. Wenn sie heranwachsen, wächst auch ihr Ego. Begegnen wir jedoch einem Satguru, wird die Unschuld in uns wiedergeboren. Das innere Kind, das in uns geschlummert hat, erwacht wieder zum Leben. Wenn wir das Universum mit den Augen der Unschuld betrachten, wird alles zu einer Seite

---

[7] Die Göttinnen des Reichtums bzw. des Wissens.

aus dem Buch der Tugenden, einer himmlischen Botschaft von Gott. Allmählich entdecken wir unseren angeborenen Zustand der Unschuld wieder.

Als ich im Juni 1979 zum ersten Mal zu Amma kam, wurde ich wiedergeboren, ein Kind. Ich war 22 Jahre alt. Seitdem bis heute, halte ich mich an einem Zipfel von Ammas Sari fest. Vierzig Jahre sind vergangen, aber vor Amma bin ich immer noch ein Kind. So mag ich es. Wenn man ein Kind ist, kann man sehr viel lernen. Und einer Mutter fällt es leicht, ihrem Kind etwas beizu-bringen. Sobald wir denken: „Ich bin nun groß und erwachsen.", bleiben die Tore des Wissens für uns verschlossen. Doch wenn unser Herz sich ausdehnt und unser Ego schrumpft, ist es am einfachsten für uns zu wachsen.

Obwohl seit damals 40 Jahre vergangen sind, hallen diese erste transformierende Begegnung mit Ammas Präsenz und ihre Worte an mich immer noch in meinem Herzen nach. Ammas Gegenwart ist mein Dwaraka. Sie ist mein Krishna. Von ihr geht das ewige Lied der Liebe aus, die göttliche Musik der reinen, bedingungslosen Liebe!

Ammas Leben und Taten sind Gegenstand meiner Meditation. Ihre Stimme und ihre Worte sind für mich wie die Klänge der göttlichen Flöte - die süße Melodie, die mich aus tiefem Schlummer erweckt hat.

5 SAHASRAPADE NAMAH[8]

rāmam daśaratham viddhi
mām viddhi janakātmajām
ayōdhyām aṭavīm viddhi gaccha tāta
yathāsukham (Ayodhya Kanda, 2.40.9)

Dieser Vers wird als der wichtigste Vers des Ramayanas gefeiert. Er steht in folgendem Zusammenhang: Lord Rama und seine heilige Gefährtin Sita Devi sind bereit, in den Wald ins Exil zu gehen. Begleitet werden sie von Lakshmana, dem seine Mutter Sumitra wie folgt rät: „Sohn, sieh Rama als Dasaratha, Sita (die Tochter Janakas) als mich (Sumitra) und den schrecklichen Wald als Ayodhya; habe eine sichere Reise und kehre zurück."

Dieser Vers hat noch eine tiefere spirituelle Bedeutung. ‚*Dasa*‘ bedeutet „zehn". Mit diesem Wort wollte Sumitra andeuten, dass Sri Rama als eine der zehn Inkarnationen von Lord Vishnu angesehen werden sollte. Das Wort ‚*maam*‘ kann man daraufhin so interpretieren, dass damit die

---

[8] „Wir verneigen uns vor Ihr, die tausend Füße hat." (*Sri Lalita Sahasranama*, Mantra 284)

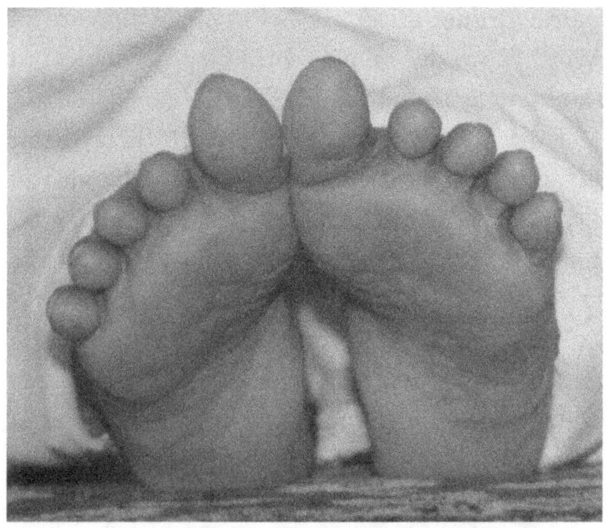

Göttin Lakshmi (die Gefährtin von Lord Vishnu) gemeint ist. Somit sagt Sumitra folglich: „Denk daran, dass Sita keine andere ist als die Göttin Lakshmi."

Und was ist mit dem Wald? Er ist das, was niemand erobern kann, Vaikunta, das uneinnehmbare Domizil des Friedens, der Ort, an dem Lord Vishnu wohnt. „Oh Sohn, fest in diesen Glauben verankert gehe glücklich hinaus und kehre sicher zurück." Kurz gesagt bedeutet der Vers: „Dort wo Lord Rama sich aufhält, ist Ayodhya, der wahre Ort des Friedens." Selbst ein Wald wird zu Ayodhya werden. Doch jeder Ort, an dem Lord Rama nicht ist, wird zum Wald.

Kurz gesagt, dort wo eine verwirklichte Seele sich mit ihrer göttlichen Präsenz aufhält, wird zu Ayodhya. Ayodhya bedeutet „der Ort ohne *Yuddha* (Konflikt, Krieg)", der Boden des höchsten Friedens. Wo immer auf der Welt ein verwirklichter Meister Zeit verbringt, verwandelt sich dieser Ort währenddessen in eine Sphäre ewigen Glücks und ewiger Schönheit. Die „Atmosphäre" dort verwandelt sich in eine *„Atma-Sphäre"*, einen Raum, in dem man die Größe seines wahren Selbst erfahren kann.

Ich erinnere mich noch an ein Erlebnis vor einigen Jahren während eines Retreats an der Gold Coast Australiens. Wir kamen dort nach den Programmen in Melbourne, Sydney und Brisbane an. Der wunderschöne Veranstaltungsort, an dem Amma auch wohnen würde, lag in der Nähe des Meeres, an einer langen Küste mit feinstem weißem Sandstrand. Es ist ein beliebtes Urlaubsziel. Zehntausende von Touristen aus der ganzen Welt fahren zum Surfen und Entspannen dorthin.

Amma hielt dort ein dreitägiges Programm ab. Am dritten Tag zog sich der Darshan bis in den nächsten Morgen hinein. Die Rückreise nach Indien war für die kommende Nacht geplant. Am Abend verließ Amma ihr Zimmer und ging direkt an den Strand. Damit hatte niemand gerechnet. Sobald sie entdeckt wurde, strömten von überall Devotees herbei, wie Bienen, die sich auf Blumen voller Nektar stürzen.

Mit einem perfekten Meister zusammen zu sein, ist eine tiefgreifende Erfahrung. Seine Anziehungskraft ist unwiderstehlich. Sie wirkt wie ein großer Magnet auf Eisenspäne. Nichts kann die Metallteilchen davon abhalten, von dem Magneten angezogen zu werden. Wenn jemand zu ihnen sagen würde: „Hört auf euch dahin zu bewegen! Warum bleibt ihr nicht weg?", würde das nichts ändern. Genauso wie es in der Natur des Magneten liegt, Eisen anzuziehen, liegt es in der Natur des Eisens, sich von einem Magneten anziehen zu lassen.

In der Gegenwart reiner Liebe kommt der Mind zum Stillstand und die Gedanken verschwinden. Selbst bei ganz gewöhnlicher Liebe bekommt das Denken bereits nicht viel Raum.

Tatsächlich ruiniert zu viel Denken die Liebe. Gedanken gehören entweder der Vergangenheit oder der Zukunft an. Liebe findet in im jetzigen Augenblick statt. Wenn zwei Menschen sich verlieben, überlegen sie sich nicht erst: „Soll ich oder soll ich nicht?". Das Verlieben geschieht spontan.

Ich habe einmal gehört, wie jemand sagte: „Liebe kann man nicht erklären oder verstehen." Auf die Frage „Warum liebst du?" lautet die Antwort: „Ich weiß es nicht. Ich tue es einfach." Denn die Liebe gehört nicht zum Mind, um zu wissen, sondern zum Herzen, um zu fühlen.

In der *Brhadaranyaka Upanishad* heißt es,

> *ēṣa prajāpatir yad hṛdayam, ētad*
> *brahma, ētad sarvam; tad ētat*
> *tryakṣaram; hṛdayam iti. hṛ ityēkam*
> *akṣaram; abhiharantyasmai svāś*
> *cānyē ca, ya ēvam vēda; da ityēkam*
> *akṣaram, dadatyasmai svāś cānyē ca*
> *ya ēvam vēda; yam, ityēkam akṣaram;*
> *ēti svargam lokam ya ēvam vēda.*

Dies ist Prajāpati - dieses Herz (Intellekt). Es ist Brahman, es ist alles. ‚*Hṛdayam*‘ (Herz) hat drei Silben. ‚*Hṛ*‘ ist eine Silbe.

Dem, der über das gesagte Bescheid weiß, dem bringen seine eigenen Leute und andere (Geschenke dar). ,*Da*' ist eine weitere Silbe. Demjenigen, der über das gesagte Bescheid weiß, geben seine eigenen Leute und andere (ihre Kräfte). ,*Yam*' ist eine weitere Silbe. Derjenige, der über das gesagte Bescheid weiß, geht in dem Himmel (*Svarga*) auf. (Nicht der Himmel, in dem man den Rest seines Lebens mit Vergnügungen verbringt, sondern der Zustand der ewigen Glückseligkeit, die Einheit mit dem reinen Bewusstsein). (5.3.1)

Das „Herz", auf das dieser Vers Bezug nimmt, ist nicht das physiologische, Blut pumpende Organ, sondern das spirituelle Herz, das Zentrum des menschlichen Körpers, in dem wir alle tieferen Gefühle empfinden. Überall auf der Welt sagen Menschen: „Mir ging mein Herz auf, als ich ihn oder sie sah." „Ich habe mein Herz verschlossen." „Mir bricht das Herz beim Anblick derer, die durch diese Katastrophe alles verloren haben." Amma sagt immer: „Öffne dein Herz und bete."

Wie oben in der Übersetzung zu lesen, besteht die Sanskrit-Wurzel des Wortes ‚*Hrdayam*‘ aus drei Silben: ‚*Hr*‘-‚*Da*‘-‚*Yam*‘. ‚*Hr*‘ bedeutet „anziehen“, „zu sich ziehen“. Man wird zum Zentrum der Anziehung. Man zieht sogar das ganze Universum an. ‚*Da*‘ steht für „geben“ in beiderlei Richtung. Man gibt alles an alle, und alle andere geben einem auch alles. Das schließt die gesamte Schöpfung ein. Die dritte Silbe, ‚*Yam*‘, bedeutet „gehen“, zum höchsten Gipfel der Existenz aufsteigen. Dies ist die höchste Bedeutung von ‚*Hrdayam*‘, dem Herzen.

Das Herz ist der geheimnisvollste Aspekt des Körpers. Der oben zitierte Vers spricht über dieses Herz, den Gott in uns, das verborgene Innerste des Menschen.

Die *Bhagavad Gita* sagt:

> *īśvaraḥ sarva-bhūtānām*
> *hṛddēśē'rjuna tiṣṭhati*
> *bhrāmayan sarva-bhūtāni*
> *yantrārūḍhāni māyayā*

Der Herr wohnt in den Herzen aller Wesen, oh Arjuna, und bewirkt durch Seine Maya, dass sich alle Wesen bewegen, (als ob) sie auf einer Maschine angebracht sind. (18.61)

Deshalb meditieren wir auf das Herz, den Sitz Gottes, der Punkt, an dem wir das „ich" in uns spüren. Das ist der Grund, warum die meisten Menschen auf der ganzen Welt das „Herz" als den am höchst entwickelten, natürlichsten und schlichtesten Teil des Körpers betrachten.

Zurück zur Geschichte. Amma stand am Strand umgeben von Devotees, den Blick zum Horizont. Ihre Stimmung und der Ausdruck auf ihrem Gesicht hatten etwas für uns nicht Greifbares an sich. Es verging einige Zeit, dann nahm Amma etwas Meerwasser in ihre Handflächen, hob es ehrfürchtig an ihre Stirn und gab es dann dem Ozean zurück. Danach schloss sie sanft ihre Augen.

Während Ammas Gesicht einen tiefen, majestätischen Frieden ausstrahlte, herrschte absolute Stille unter den Devotees. Alle hatten ihre Blicke auf Amma gerichtet und sonnten sich in ihrer glückseligen Gegenwart. Langsam öffnete Amma ihre Augen wieder. Dann begann sie, ins Meer zu schreiten. Ohne auf Erlaubnis zu warten, folgten ihr die Devotees. „Seid vorsichtig, Kinder. Stellt euch mit euren Füße fest in den Sand", riet Amma liebevoll. Als das Wasser ihr bis knapp unter die Knie reichte, blieb Amma stehen.

Nach ein paar Minuten meditativer Stille hob sie ihre Arme Richtung Himmel und sang: *„Srishtiyum niye, Srashtavum niye, Saktiyum niye, Satyavum niye, Devi, Devi, Devi"* („Du bist die Schöpfung und die Schöpferin. Du bist die Höchste Macht und die Wahrheit. Oh Göttin."). Die Devotees sangen mit und antworteten mit Hingabe nach jeder Zeile. Während die Wellen des Meeres immer wieder die heilige Silbe „Om" mitsangen, ließen die Wellen der Gedanken in den Köpfen der Devotees immer mehr nach.

Amma sang selig noch ein Bhajan: *„Kotanu koti varshangalai satyame tetunnu ninne manushyan."* („Der Mensch sucht Dich, o Wahrheit, schon seit Äonen."). Als das Lied endete, hatte sich durch die heiligen Schwingungen der Bhajans eine innere Stille ausgebreitet, obwohl im Hintergrund die Wellen tosten.

„Lasst uns gehen. Es dämmert schon!" Durch den Klang von Ammas Stimme, wurden sich die Devotees wieder ihrer Umgebung und der Zeit bewusst. Inzwischen hatte sich eine

Menschenmenge versammelt und schaute zu: Spaziergänger, Jogger, Badegäste, Surfer und die, die gekommen waren, um etwas Einsamkeit zu genießen. Ich hörte einige von ihnen sagen: „Sie ist die Heilige, die Leute umarmt." Eine andere Person sagte: „Ich würde auch gerne Mal die Wärme ihrer Umarmung erleben." Bald wurde der Strand der Gold Coast zu einem weiteren Ort, an dem Amma Darshan gab, eingebettet von den Farben des Sonnenuntergangs. Das war nichts Neues. Während Amma reist ist jeder Ort eine Programmhalle für sie, einschließlich Flughäfen, Flugzeuge während des Fluges, Straßenränder, Parks und Regierungsgebäude auf der ganzen Welt.

Als der Darshan am Meer endete, begann Amma, den Strand hinaufzugehen. Plötzlich kam mir eine Idee. Es war ein ganz natürlicher und trotzdem sehr lauter innerer Gedanke: „Amma hat die ganze Zeit im Wasser gestanden. Ist der Sand nicht durch die Berührung ihrer heiligen Füße gesegnet?" Bevor Amma weggehen konnte, bückte ich mich und nahm eine Handvoll Sand von unter ihren Füßen. Sie begann den Strand zu verlassen. Ich verneigte mich ehrfürchtig vor dem

Sand in meinen Händen. Dann stand ich da und schaute Amma zu, wie sie mit den Devotees durch den Sand stapfte.

Plötzlich drehte sich Amma um und sagte zu mir: „Sohn, wie viel Liebe und Hingabe du für die Handvoll Sand hast, die du von dort genommen hast, wo Amma stand. Aber du vergisst dabei etwas, mein Sohn. Jedes Sandkorn auf dieser Erde trägt den Abdruck von Ammas Füßen. Sie trat auf jedes einzelne Körnchen. Deshalb, mein Sohn, solltest du dich bemühen, die gleiche Liebe und Ehrfurcht, die du für diese Handvoll Sand hast, gegenüber allen Objekten, ob groß oder klein, gegenüber jedem Atom in der Welt, zu entwickeln."

Diese Worte waren erfüllt von ihrer Liebe und mütterlichen Zuneigung. Aber sie gingen weit über das Verständnis meines Mindes hinaus und drangen bis in die tiefsten Tiefen meines Herzens. Ich behaupte nicht, die Bedeutung dieser Offenbarungen, die in ihrer Tiefe den Aussagen der Heiligen Schriften gleichkamen, vollständig erkannt zu haben. Ammas Worte waren tiefgründig und kraftvoll. Sie waren in der Lage, meinen Mind für einige Zeit still werden zu lassen. Ich erlebte einen flüchtigen Eindruck von der Wahrheit von Ammas Aussage: „Jedes Sandkorn auf dieser Erde trägt den Abdruck von Ammas Füßen. Sie trat auf jedes einzelne Körnchen."

Die *Purusha Sukta* (Rig Veda) sagt:

ōm sahasraśīrṣā puruṣaḥ
sahasrākśah sahasrapāt
sa bhūmim viśvatō
vṛtvā'tyatiṣṭhaddaśāngulam

Tausendköpfig ist der Purusha (das kosmische Wesen), tausendäugig und tausendfüßig. Er umhüllt die Erde von allen Seiten und übersteigt sie um zehn Fingerlängen. (10.90)

In diesem Vers wird die metaphysische Gesamtheit der ganzen Schöpfung (Erde) als Purusha, kosmisches Wesen, bezeichnet. Das Wort 'Dasangulam' steht hierbei für zehn Finger. Es wird angenommen, dass im menschlichen Körper der Abstand zwischen Herz und Nabel zehn Finger beträgt. Die Zahl „zehn" symbolisiert die „Unendlichkeit". In der Annahme, dass die Zahlen nur bis neun gehen, wird alles, was darüber liegt, als „zahllos" betrachtet.

Das Herz ist der Ort, an dem Atma oder Gott wohnt. Der Nabel symbolisiert den Ursprung der manifestierten Welt. Deswegen ist auf manchen Darstellungen des Gottes Vishnu zu sehen, wie eine Lotosblume mit einem langen, biegsamen Stängel aus seinem Nabel wächst. Auch gibt es Darstellungen von Gott Brahma, dem Schöpfer, wie er in einem Lotos sitzt. Die Unendlichkeit des kosmischen Bewusstseins wird durch das Glitzern und Funkeln weltlicher Objekte verschleiert.

Mir verschlug es die Sprache, als ich Amma, dieses absolute Wunder von einem Wesen, betrachtete. Gerade eben noch hatte sie kurz die Schatztruhe voll mit den Edelsteinen der universellen Wahrheit geöffnet und jetzt spielte sie völlig unschuldig mit den Devotees, als ob sie von all dem nichts wüsste. Ich hielt mich immer noch an meiner Handvoll Sand fest, den ich unter Ammas Füßen weggenommen hatte. Amma und die Devotees liefen immer weiter. Plötzlich drehte Amma sich um, sah mich mit einem schelmischen Grinsen an und rief mir zu: „Sohn, warum stehst du immer noch da? Komm, beeile dich!“

Als ich Amma hörte, hielt mich nichts mehr. Ich rannte zu ihr. Wir haben noch einen langen

Weg vor uns, bevor wir diesen weiten Himmel des Bewusstseins erreichen, den Amma verkörpert. Hören wir also auf Ammas Ruf. Wir müssen mit ihr gehen und uns bemühen, mit ihr Schritt zu halten.

„Jedes Sandkorn dieser Erde trägt Ammas Fußabdruck. Sie trat schon auf jedes einzelne Körnchen." Dieser erhabene Ausspruch pulsiert immer noch in meinem Herzen. Ich höre immer noch den Nachhall dieses mächtigen Mantras. Es schwingt immer noch in meinen Ohren, in meinem Herzen und in jedem Atom.

Der einzige Wunsch den Amma, der Satguru, hat, ist: Dass alle ihre Kinder so werden wie sie, so weit wie der Himmel, und den Zustand der universellen Mutterschaft erreichen. Deshalb sagt Amma uns ständig: „Kinder, ihr seid die göttliche Essenz von Om. Wachset als liebenswerte Menschen und verschmelzt mit dem ewigen Om."

6 DER GURU, DIE VERKÖRPERUNG GOTTES

Gott ist ein transzendentes Wesen. Diese unfassbare Macht liegt weit jenseits des menschlichen Verstehens. Da Gott für Menschen unbegreifliche ist, macht es ihnen, und insbesondere den so genannten Atheisten und Agnostikern, sehr leicht, die Existenz einer absoluten Macht, die das Universum beherrscht, zu leugnen. Auf der anderen Seite wiederum gibt es bedeutende Wissenschaftler, die an „das Geheimnis" des Universums glauben. Albert Einstein, einer der bedeutendsten Wissenschaftler aller Zeiten, wurde mit den Worten zitiert: „Jeder, der sich ernsthaft der Wissenschaft widmet, wird zu der Erkenntnis kommen, dass sich in allen Gesetzen des Universums ein Wesen manifestiert, das dem Menschen weit überlegen ist und dem gegenüber wir uns mit den uns zur Verfügung stehenden Kräften demütig sein sollten."

Srinivasa Ramanujan, ein Mathematiker, der als Genie gilt, erklärte öffentlich, dass es die Göttin (Namagiri Devi) persönlich war, die ihm die komplexesten mathematischen Formeln

offenbarte. Ähnliches bemerkte Sir Isaac Newton: „Was wir wissen, ist ein Tropfen; was wir nicht wissen, ist ein riesiger Ozean. Die eindrucksvolle Anordnung und Harmonie des Universums können nur dem Plan eines allwissenden und allmächtigen Wesens entsprungen sein." Ich könnte noch viele weitere solcher Zitate anführen.

Ein langjähriger Devotee von Amma, der am Los Alamos National Laboratory in den USA arbeitet, erzählte mir vor Kurzem, dass Leon M. Lederman, ein Teilchenphysiker, der 1988 den Nobelpreis für Physik erhielt, einmal das Los Alamos Labor besuchte. Während er mit einer Gruppe von High-School-Schülern sprach, fragte ihn einer der Schüler, ob er irgendeine Botschaft für die Schüler hätte. Darauf antwortete Leon M. Lederman damals: „Ich habe keine Ahnung, ich habe keine Ahnung, ich habe keine Ahnung". Damit meinte er, dass wir uns bewusst darüber sein sollten, „wie wenig wir über irgendetwas im Universum wissen". Damit betonte er die Bedeutung von Demut. Er ist Autor des Buchs: *„Symmetry and the Beautiful Universe"*. Leon M. Lederman ist der Ansicht, dass alles im Universum miteinander verbunden ist, vom kleinsten Atom bis zum großartigsten Universum. Er war es, der den Begriff *„Das schöpferische Teilchen. "* für das Higgs-Boson prägte.

Viele Jahrtausende vor der Entstehung der modernen Wissenschaft und damit sehr viel früher als die Wissenschaftler der Gegenwart damit anfing, die Geheimnisse des Universums zu erforschen, begründeten die -Schriften von Sanatana-Dharma- allen voran die Veden und die vedantischen Schriften - bereits mit unbestreitbaren logischen Argumenten und Analysen die Existenz einer Superintelligenz, auch bekannt als Gott oder das höchste Bewusstsein, welche die einzige Realität hinter der vielfältigen Welt darstellt. Es muss eine geheimnisvolle und zeitlose Intelligenz geben, welche die harmonische und geordnete Bewegung des Universums aufrechterhält, das in der sich ständig verändernder Zeit existiert. Die alten Rishis nannten diese Intelligenz „Brahman", das Absolute Bewusstsein, das Höchste Selbst, das Eine ohne Anfang, Mitte oder Ende. Sie beschrieben dieses transzendentale Wesen als „kleiner als das Kleinste und größer als das Größte", jenseits von Worten, Mind und Intellekt.

Ein Sanskrit- Vers aus der Kathopanishad, der sich hierauf bezieht:

aṇōraṇīyānmahatō mahīyānātmāsya
jantornihitō guhāyām
tamakratuḥ paśyati vītaśōkō dhātuḥ
prasādānmahimānamātmanaḥ

Subtiler als das Subtilste, größer als das
Größte, ruht Atma im Herzen eines
jeden Lebewesens. Jemand, der frei von
Begierde ist, dessen Mind und Sinne
ruhig sind, sieht die Herrlichkeit Atmas
und wird vom Leid befreit. (1.2.20)

Das Wort „Bharatam" (Indien) bedeutet: Das, was
dem Licht, dem Leuchten des Wissens, gewidmet
ist. Nirgendwo sonst auf der Welt findet man eine
solche ökologische und biologische Vielfalt und
Größe. Die alten indischen Rishis erforschten die
Geheimnisse des Universums und erkannten die
Einheit, die hinter der Vielfalt der Welt verborgen
liegt. Das alte Indien brachte Meister in jedem
einzelnen Wissenschaftszweig hervor.

Es folgen einige Beispiele:

* Acharya Aryabhatt – Ein Meister in Astrono-
mie und Mathematik
* Bhaskaracharya - Ein Genie in Algebra
* Acharya Kanad - Experte auf dem Gebiet der
Atomtheorie
* Rishi Nagarjuna – Ein wahrer Zauberer der
Chemie
* Acharya Charak - Begründer der Medizin
* Sushrut - Begründer der plastischen Chirurgie

- Varahamihir - Bedeutender Astrologe und Astronom
- Patanjali Maharshi - Verbreiter der Wissenschaft des Yoga
- Bhardwaj Maharshi - Pionier der Luftfahrttechnik
- Kapila Maharshi - Begründer der Kosmologie und viele mehr.

Amma sagt: „Die Rishis haben Wissenschaft und Spiritualität nie als etwas voneinander Getrenntes betrachtet. Für sie vervollständigen sich Wissenschaft und Spiritualität gegenseitig und widersprechen sich nicht."

Obwohl die alten Weisen die ultimative Realität des Universums als namenlos, formlos und unveränderlich beschrieben, als etwas, das ohne Anfang, Mitte oder Ende existiert, waren sie auch der Ansicht, dass dieses Prinzip gleichzeitig die Essenz von allem in der Schöpfung ist, sowohl von empfindungsfähigen Wesen als auch von nicht-empfindungsfähigen Materie. Sie bewiesen der Welt durch ihr Leben in strenger Tapas (Enthaltsamkeit), dass es jedem Menschen möglich ist, die Wahrheit zu erkennen, die allem innewohnt. Die Kathopanishad sagt:

yadā sarvē pramucyantē
kāmā yē'sya hṛdi śritāḥ
atha martyō'mṛtō bhavatyatra
brahma samaśnutē

Wenn alle Wünsche, die das Herz eines Menschen blockieren, abfallen, dann wird der Sterbliche unsterblich und hier (während er lebt) Brahman erlangen.
(2.3.14)

Aber die Upanishad sagt auch deutlich, dass dieses höchste Wissen nicht von jemandem weitergegeben werden kann, der sein Wissen nur aus Büchern hat.

na narēṇāvarēṇa prokta ēṣa
suvijñēyo bahudhā cintyamānaḥ
ananyaproktē gatiratra nāstyaṇīyān
hyatarkyamaṇupramāṇāt

Wenn ein Mensch mit mittelmäßigem Mind lehrt, kann Atma nicht wahrhaftig erkannt werden, auch wenn man oft darüber nachdenkt. Es gibt keinen Weg (Ihn zu erkennen), es sei denn durch die Lehren eines anderen, eines erleuchteten

Meisters, denn Er ist feiner als das
Feinste und jenseits aller Argumente.
(1.2.8)

Die Upanishaden sind die niedergeschriebenen
Worte verwirklichter Meistern. Diese Weisen,
die die absolute Wahrheit erkannten, versuchen,
etwas auszudrücken, was jenseits von Mind und
Worten liegt. Um ihre subjektive Erfahrung mitzuteilen, bedienten sie sich zwangsläufig einer sehr
subtilen Sprache. Für gewöhnliche Menschen, die
nicht im höchsten Bewusstsein ruhen, mögen ihre
Aussagen wie widersprüchliche Rätsel klingen.
Solche Menschen können das höchste Wissen
über das Selbst, den Kern unserer Existenz,
nicht vermitteln. Gleichzeitig sind Zweifel oder
Abweichungen unmöglich, wenn dieses subtile
Wissen von einem Menschen vermittelt wird,
der sein Selbst erkannt hat, einem Menschen, der
jenseits jeden Gefühls der Dualität lebt. Das ist
die Bedeutung des obigen Verses.

In den heiligen Schriften jeder Religion wird
Gott als das mitfühlendste aller Wesen beschrieben, als die Verkörperung aller Tugenden, wie
zum Beispiel reiner Liebe, Selbstaufopferung,

Selbstlosigkeit, Edelmut, Demut, Einfachheit, Furchtlosigkeit und so weiter.

Ist es möglich, mit einem solchen Gott zu sprechen? Können wir einen Gott, wie er in den heiligen Schriften beschrieben wird, sehen, berühren, fühlen und erleben? Die Suche nach solch einem Gott ist so alt wie die Menschheit. In der Vergangenheit wie auch in der heutigen Zeit wurde vielen Menschen bewusst, dass der Gott, den sie suchen, im Inneren und nicht im Äußeren zu finden ist. Auch dämmerte es ihnen, dass sich ein Mensch in die Verkörperung aller göttlichen Eigenschaften, verwandelt, wenn er das Bewusstsein über die vollkommene Wahrheit erlangt, so wie es auch in den Sanatana-Dharma -Schriften erwähnt wird. Nachdem sie das Geheimnis der Existenz erkannt hatten, teilten diese verwirklichten spirituellen Meister ihr kostbares Wissen mit denjenigen, die auf der Suche nach der Wahrheit über Gott waren. Sie begründeten damit die Tradition der Guru-Schüler-Beziehung, welche bis heute Bestand hat und die es auch in Zukunft noch geben wird. In der Gegenwart dieser außergewöhnlichen Menschen erhält man eine Ahnung von Gott. Ein aufgeschlossener, vorurteilsfreier

Mensch, der es mit der Erforschung der Realität ernst meint, kann in ihrer Anwesenheit die Herrlichkeit Gottes, grenzenlose Liebe, Mitgefühl und andere Tugenden Gottes erfahren.

Man nennt einen Physiker „Physiker", weil er oder sie ein tiefgreifendes Wissen über die Physik, über die Wechselwirkungen zwischen Materie und Energie, erworben hat. Einen begabten Schauspieler, Sänger oder Maler bezeichnet man als begnadeten Künstler. Ebenso gibt es hoch angesehene und begnadete Ärzte, Lehrer, Führungskräfte und so weiter und so fort. Schätzen und achten wir sie nicht? Doch, das tun wir.

Ein außergewöhnlich begabter Künstler, Wissenschaftler oder Lehrer kann ein anderes außergewöhnliches Genie oder einen Schüler ausbilden und fördern. Es gibt so viele solcher Persönlichkeiten, die in ihrem jeweiligen Bereich Herausragendes leisteten und ihr Wissen oder ihr Talent weitergaben. Es gilt, „die Feinheiten" einer Kunstform oder Wissenschaft zu kennen. Solche Personen bleiben nicht an der Oberfläche oder an der Peripherie ihres Themas, sondern tauchen tief in das Wissen über diese eine Sache ein. Sie erlangen eine gewisse Identifikation, an Einheit, mit diesem Wissen. Wenn zum Beispiel ein Schauspieler die Rolle eines Ureinwohners spielt und es ihm nicht gelingt, das Verhalten und das Leben dieses Menschen zumindest bis zu einem gewissen Grad zu verinnerlichen, wird er die Figur nicht in einer berührenden und überzeugenden Weise darstellen können. Der Schauspieler muss sich bis zu einem gewissen Grad mit der Figur, die er spielt, identifizieren. Ähnlich verhält es sich mit Sängern und Musikern, die begnadet singen oder ihren Instrumenten himmlische Klänge entlocken und damit ihr Publikum stundenlang in ihren Bann ziehen können. Dies geschieht, weil sie es schaffen, die Seele ihrer jeweiligen Kunstform auszudrücken. Nicht selten werden diese außergewöhnlich begabten Künstler von anderen Personen als Inkarnation ihres Bereiches oder ihrer Kunstform bezeichnet. Ähnlich wird jemand, der die Einheit, Brahman, erkannt hat, eins mit dieser absoluten Realität. In der Mundaka Upanishad wird gesagt;

> *sa yō ha vai tat paramam*
> *brahma vēda brahmaiva bhavati*
> *nāsyābrahmavitkulē bhavati*

tarati śōkam tarati pāpmānam
guhāgranthibhyō vimuktō'mṛtō bhavati

Derjenige, der Brahman kennt, wird in
der Tat Brahman, und in seiner Linie
wird niemand geboren, der Brahman
nicht kennt. Er lässt Leid, Tugend und
Laster hinter sich und wird unsterblich,
da er von den Knoten des Herzens befreit
ist. (3.2.9)

Ein vollkommener spiritueller Meister, der ständig
in diesem Zustand der Einheit, der unveränderlichen Wahrheit der Existenz, weilt, ist tatsächlich
Gott, das absolut Außergewöhnliche in einer
gewöhnlichen menschlichen Gestalt. Wenn wir
diese Meister beobachten, werden wir verstehen,
dass Gott existiert. Durch sie können wir Gottes
Herrlichkeit sehen, Gottes Macht spüren und
Gottes Schönheit erfahren. Ein solches spirituelles
Wesen dient als Brücke, als Bindeglied zwischen
Gott und der Welt, als tadelloser Vermittler
zwischen der Welt der Namen und Formen und
dem namenlosen und formlosen höchsten Wesen.
Nur sie sind in der Lage, andere auf den Weg zu
Gott zu führen.

Amma hat ein eindrucksvolles Beispiel: „Ein Fremder besuchte ein Haus, in dem gerade nur eine Frau mit ihrem siebenjährigen Kind anwesend war. Der Ehemann war wegen Besorgungen ausgegangen. Die Frau fühlte sich nicht wohl damit, alleine einem Fremden zu begegnen. Was ist nun die einfachste und effektivste Art, mit dieser Situation umzugehen? Sie kann in ihrem Zimmer bleiben und ihren Sohn zu dem Mann schicken, um den Grund für seinen Besuch zu erfahren. Der Junge kann sich frei zwischen dem Zimmer seiner Mutter und dem Wohnzimmer, in dem der Fremde sitzt, hin und her bewegen, um ihre Botschaften zu übermitteln, richtig? Genauso hat der Guru die Freiheit, sich zwischen der empirischen Welt der Ereignisse und dem unbekannten Reich Gottes zu bewegen. Der Satguru ist die Brücke, die uns mit dem Höchsten verbindet. Er oder sie ist mit beiden Welten vertraut.“

Für einen Schüler gibt es keinen anderen Gott als den Guru.

In der Svetasvatara Upanishad heißt es kategorisch:

yasya dēvē parābhaktiḥ
yathā dēvē tathā gurau

tasyaite kathitā hyarthāḥ
prakāśante mahātmanaḥ

Diese Wahrheiten erstrahlen, wenn
sie gelehrt werden, nur in dem
Hochbeseelten, der höchste Hingabe an
Gott und im gleichen Maße Hingabe an
seinen Guru hat. (6.23)

Die Macht eines wahren spirituellen Meisters,
der immer im höchsten Zustand der Selbstverwirklichung ruht, ist unendlich. Die eigentliche
Frage ist, woran können wir einen solchen Guru
erkennen? Auf dem Schlachtfeld von Kurukshetra
stellte Arjuna die gleiche Frage an Lord Krishna:

sthita-prajñasya kā bhāṣā
samādhi-sthasya keśava
sthita-dhīḥ kim prabhāṣeta
kim āsīta vrajēta kim

Herr, wie verhält sich jemand, der immer
im Zustand des höchsten Bewusstseins
verankert ist? Wie spricht ein erleuchteter
Mensch? Wie sitzt er? Wie geht er? (2.54)

In den nächsten achtzehn Versen erläutert Sri Krishna achtzehn eindeutige Merkmale, an denen man einen Sthitaprajna erkennen kann, jemanden, der im erhabenen Zustand des reinen Bewusstseins weilt.

Die folgende Liste führt diese achtzehn charakteristischen Wesensmerkmale einer vollkommenen Seele einzeln auf, so wie sie von Lord Krishna in der *Bhagavad Gita* beschrieben werden.

1. Die Sthitaprajnas sind jenseits aller Konflikte der Gegensatzpaare (Dvandatita). Sie sind völlig frei von jeglichen Vorlieben und Abneigungen, Anhaftungen und Widerwillen. Sie haben kein Gefühl von ‚ich' und ‚mein'. Sie begegnen allen dualen Erfahrungen des Lebens, wie Schmerz und Vergnügen, Tugend und Laster, Ehre und Unehre, Gut und Böse gleich.

2. Das Leben der Sthitaprajnas ist ein perfektes Beispiel für die höchste Realität des Atma, des Selbst, der potentiellen Göttlichkeit in allen Wesen. Durch ihre Worte und Taten bringen die Sthitaprajna die Einheit und das Einssein der gesamten Existenz zum Ausdruck.

3. Unabhängig von sich immer verändernden äußeren Umständen befinden sich die

Sthitaprajnas ununterbrochen in einem Zustand der Glückseligkeit, der Natur des inneren Selbst. Nichts beeinflusst ihr reines Wissen oder Jnana.

4. Sthitaprajnas sind das Außergewöhnliche in einer gewöhnlichen menschlichen Form. Da sie auch in unserer Welt leben, mögen sie sich wie gewöhnliche Menschen verhalten, doch sind sie sich unablässig der absoluten Realität, der höchsten Einheit, bewusst.

5. Da sie völlig frei von Ego sind, wissen Sthitaprajnas, dass sie nicht der Handelnde sind, auch erheben sie auf nichts Anspruch. Sie führen Handlungen aus, aber diese Handlungen binden sie nicht, da Sthitaprajnas sich nicht mit ihrem Körper oder Mind identifizieren.

6. Sthitaprajnas sind immer ruhig und gelassen, friedlich und glücklich. Selbst inmitten totalen Chaos bleiben sie gelassen.

7. Das Wissen der Sthitaprajnas entspringt aus ihrem Bewusstsein der Einheit der Existenz. Ihre Weisheit übersteigt alle Formen von Anbetung, alle Orte der Verehrung, alle spirituelle Praktiken und alle Schriften.

8. Da Sthitaprajnas eins mit dem universellen Bewusstsein sind, ist ihre Freiheit grenzenlos. So müssen sie sich nicht an die Sitten und Gebräuche einer Gesellschaft, an Traditionen, religiöse Gebote, Etikette und so weiter halten. Sie können ihnen zwar folgen, aber keine Praktik wird sie in irgendeiner Weise binden. Gleichzeitig werden die Sthitaprajnas niemandem ihre Freiheit aufzwingen, noch werden sie die Regeln und Vorschriften oder den Verhaltenskodex einer Gesellschaft stören.

9. Sthitaprajnas gehören jedem. Sie gehören der ganzen Welt, allen Nationen, allen Kulturen, der gesamten Schöpfung. Sie existieren zum Wohl aller Wesen in allen Zeiten. Ihre bloße Natur ist Liebe und Mitgefühl. Die Sthitaprajnas betrachten das ganze Universum als ihre Heimat.

10. Sthitaprajnas haben absolut keine Erwartungen. Sie sind die Herrscher des Universums, weil sie keinerlei Wünsche und die vollkommene Kontrolle haben.

11. Sthitaprajnas sind nicht gesegnet. Sie sind der Segen selbst. Sie sind die Verkörperung der Reinheit und des höchsten Wissens. Sie leben

in der höchsten spirituellen Erfahrung, Sahaja Samadhi, aus der es kein Zurück gibt.

12. Sthitaprajnas sind nicht unbedingt Menschen der Worte, aber immer der Taten. Sie sind ein perfektes Vorbild für alle Menschen aus allen Lebensbereichen.

13. Die Position der Sthitaprajnas in dieser Welt liegt genau an der Grenze zwischen der empirischen Welt der Ereignisse und dem höchsten Bewusstsein.

14. In den Sthitaprajnas fließen alle spirituellen Wege zusammen. Sie sind perfekte Bhaktas (Devotees), Karma-Yogis (jemand, der dem Pfad des selbstlosen Handelns folgt) und Jnanis (Verkörperungen des Advaita Vedanta [nicht-duale Philosophie]). Abhängig von den Umständen und der momentanen Notwendigkeit können sie alles sein, was sie wollen.

15. Sthitaprajnas befinden sich immerwährend in einem Zustand, in dem sie alles als absolut gleich ansehen und frei von Anhaftungen sind. Dadurch haben sie weder Freund noch Feind. Sie ruhen stets zufrieden in ihrem eigenen Selbst und betrachten diejenigen, die

sie beleidigen, und diejenigen, die sie verehren, vollkommen gleich.

16. Nachdem sie Brahman, das Absolute, das Eine ohne Anfang, Mitte oder Ende, das nie geborene und unsterbliche Selbst, erkannt haben, sind Sthitaprajnas völlig furchtlos.

17. Für Sthitaprajnas hat Gott eine Gestalt und ist gestaltlos, ist Gott begrenzt und grenzenlos, allem innewohnend und transzendent.

18. Sthitaprajnas messen allen spirituellen Wegen die gleiche Bedeutung zu. Da alles durch das göttliche Bewusstsein durchdrungen ist, ist nichts unbedeutend oder unwichtig. Für sie gibt es keine Materie, nichts ist ohne Empfindung, denn nur Gott existiert und alles ist Bewusstsein.

In Vers 18 des 5. Kapitels der *Bhagavad Gita* heißt es:

vidyā-vinaya-sampannē
brāhmaṇē gavi hastini
śuni caiva śva-pāke ca
paṇḍitāḥ sama-darśinaḥ

Jene, die das Selbst kennen, betrachten auf gleiche Weise einen Brahmanen, der gelehrt und demütig ist, eine Kuh, einen Elefanten, einen Hund und einen Ausgesetzen.

Ich möchte von einer Begebenheit aus Ammas Leben erzählen, um die Tiefgründigkeit dieses Verses zu veranschaulichen. Ich selbst war Zeuge dieses unvergleichlichen Aktes des Mitgefühls an dem Tag, an dem ich Amma zum ersten Mal traf. Dattan, ein Leprakranker, kam regelmäßig zum Darshan. Es war unglaublich berührend und machte einen gleichzeitig ehrfürchtig zuzusehen, wie ihn Amma mit ihrer Liebe und ihrem Mitgefühl überschüttete, obwohl sein Körper völlig entstellt und mit Eiter und blutigen Wunden übersät war. Da Amma jeden Menschen als ihr Kind ansieht, umarmte sie ihn mit der gleichen Liebe und dem gleichen Mitgefühl, wie sie es bei allen anderen tut, vielleicht sogar mit noch mehr. Während Hunderte von Devotees zusahen, leckte Amma seine eiternden Wunden. Für diejenigen, die diese Szenen miterlebten, war es gleichzeitig schrecklich wie auch zutiefst bewegend. In kurzer Zeit wurde Dattan vollständig geheilt. Seine einzige Medizin war Ammas Speichel. Alle seine

Wunden verschwanden und es blieben nur noch die Narben zurück.

Avatare oder die Inkarnationen Gottes wie Amma sind wie der Wind. Sie wehen überall - auf den Bergen, durch Täler, über den Ganges genauso wie über schlammige und stehende Gewässer, durch edle Gebäuden ebenso wie durch Slums, über duftende wie über übel riechende Blumen, über tugendhafte Menschen ebenso wie über die voller Laster. Es existiert absolut kein Gefühl von Wertigkeit oder Unwürdigkeit.

Ein Satguru gilt auch als ein Avatar Gottes. In der Tat ist ein echter Satguru wahrlich ein Avatar. Für mich besteht kein Zweifel daran, dass Amma eine besondere Inkarnation Gottes ist. Ich glaube, dass alle Devotees, die Ammas Leben und ihre Handlungen wirklich beobachten, diese Meinung teilen.

Man fragt sich vielleicht: Gibt es einen Unterschied zwischen einer verwirklichten Seele und einem Avatar?

Auf der Ebene der höchsten spirituellen Erfahrung gibt es keinen Unterschied. Im Wesentlichen sind beide für immer in dem Zustand von Sat-Chit-Ananda. Aber objektiv gesehen gibt es einen Unterschied. Der grundlegende Unterschied zwischen einem Avatar und einem verwirklichten Menschen besteht darin, dass ersterer unendliches Mitgefühl, Liebe, Selbstlosigkeit, Geduld, Vergebung und Selbstaufopferung besitzt. Er wird sein ganzes Leben dem Wohl der Gesellschaft widmen. Avatare führen andere spirituelle Menschen, die auf der Suche nach Gott sind, zum Ziel. In einem Satz zusammengefasst: „Ein Avatar ist die Verkörperung des Mitgefühls".

Auf der anderen Seite bleibt eine verwirklichte Seele, obwohl sie sich in demselben erhabenen Zustand des Einsseins befindet, in höchster Glückseligkeit versunken, völlig gleichgültig gegenüber der Welt und denjenigen, die in ihr verloren sind. Anfang der 80er gab uns Amma oft die Gelegenheit, in der Gesellschaft solcher verwirklichter Personen zu sein. Obwohl ihre Einheit mit Gott offensichtlich und spürbar war, waren sie völlig losgelöst von den alltäglichen Ereignissen der Welt. Sie kümmerten sich um nichts und niemanden; sie waren sich ihres Körpers, ihrer Umgebung und der Schmerzen und dem Leid anderer überhaupt nicht bewusst. Das zeigte uns eindrucksvoll den Kontrast zwischen dem

Zustand, in dem sich ein Avatar befindet, und dem einer erleuchteten Person. Der Zustand ihres Bewusstseins und Verwirklichung sind gleich, jedoch wie sie in der Welt zu existieren, leben, scheint unterschiedlich zu sein.

In Wahrheit besitzt nur eine verwirklichte Seele die innere Macht, wählen zu können. Da sie eins mit dem Unendlichen ist, sind auch ihre Wahlmöglichkeiten unendlich. Für sie gibt es keine Grenzen.

Anfang der 70er, kurz nachdem Amma begann, sich in Devi Bhava zu zeigen, verlangte ihr Vater Sugunanandan, der glaubte, dass sie von einem göttlichen Wesen besessen sei, dass Devi den Körper seiner Tochter freigeben solle. Er war um ihr körperliches und geistiges Wohl besorgt. Außerdem wollte er es ihr ermöglichen, ein normales Leben zu führen. Also ging er während Devi Bhava in den Tempel und bestand darauf, dass ‚Devi‘ den Körper seiner Tochter verließe. Amma antwortete ihm: „Wenn ich dir deine Tochter zurückgebe, wird sie nichts weiter als ein Leichnam sein und bald anfangen zu verwesen, und du musst sie begraben!“ Doch Sugunanandan blieb stur. Er bestand vehement auf seiner Forderung.

Schließlich sagte Amma: „Wenn das so ist. Hier ist deine Tochter. Nimm sie!" Augenblicklich brach sie zusammen. Ihr Körper wurde steif, ihr Herz hörte auf zu schlagen, und sie atmete nicht mehr. Sie war ganz offensichtlich tot.

Erfüllt von Reue und unter Tränen flehte Sugunanandan die Göttliche Mutter an, seine Tochter ins Leben zurückzuholen. Die Devotees, die zum Devi Bhava Darshan gekommen waren, befiel eine tiefe Trauer und sie beteten verzweifelt zusammen mit Sugunanandan. Acht Stunden vergingen, bis sich Ammas Körper leicht bewegte und sie ins Leben zurückkehrte.

Dieses Ereignis zeigt uns, wie eine verwirklichte Seele bewusst sterben und auch bewusst in den Körper zurückkehren kann. Während wir alle unbewusst sterben, können wir, sobald wir gelernt haben, wie man stirbt, unsere Geburt und unseren Tod wählen. Wir haben die vollkommene Kontrolle. Der Körper ist das Objekt, während Atma, das Selbst, das Subjekt ist, das reine Bewusstsein.

Amma sagt: „Wir hören Menschen oft über ‚den Schmerz des Todes' sprechen. Nirgendwo auf der Welt hören wir jemanden etwas wie ‚die Glückseligkeit des Todes' sagen. Tatsächlich ist es so, dass wenn das Ego völlig beseitigt wurde, wir unseren Tod genauso wie unseren Geburtstag feiern. Wenn wir bewusst sterben, wissen wir, dass der Tod nur der Tod des Körpers ist. Sobald das Ego stirbt, erfahren wir bedingungslose Freiheit."

Der Körper (das Objekt) ist eine Mischung aus den fünf Elementen Äther, Luft, Feuer, Wasser und Erde. Er hat seine eigenen Beschränkungen, ist ständiger Veränderung unterworfen, wird zerfallen und zu seinem Ursprung zurückkehren. Das Subjekt hingegen, Atma, das Selbst, die reine Energie, aus der wir bestehen, ist da anders. Es ist dasselbe wie alles, was wir hören, berühren, sehen, schmecken und riechen, alles Lebendige und alle tote Materie, alles Grobe und Feine, alle Tatsachen und auch alle Geheimnisse. Sobald wir diese allem innewohnende Einheit erkennen, sind wir in der Tat eins mit dem Universum. Wir sind das Universum. Es ist wie mit einem Samen, der zu einem Baum wird. In Wirklichkeit ist der Samen schon der Baum in seinem schlafenden Zustand. Dieses Bewusstsein verwandelt und offenbart die grenzenlose Kraft in uns, die unermessliche Energie, die wir wirklich sind. Die Enthüllung unserer wahren Natur öffnet die Tür zur Unendlichkeit.

Wir Menschen behaupten, ein hohes Maß an Freiheit zu genießen. In Wirklichkeit sind wir jedoch unzähligen Beschränkungen unterworfen. Der freie Wille und die Entscheidungsfreiheit, die wir zu haben glauben, ist nur eine Illusion, eine Täuschung. In den meisten Fällen verhalten wir uns wie eine Kuh mit einem Seil um den Hals, dessen anderes Ende an einem Baum festgebunden ist. Wenn man also fragt: „Haben wir einen freien Willen?" Dann lautet die Antwort: „Ja, den haben wir, aber nur so viel wie eine festgebundene Kuh hat."

Ein Schüler fragte den Guru einmal: „Meister, wie viel Entscheidungsfreiheit habe ich?"

Der Meister wies den Schüler an, eines seiner Beine zu heben. Der Schüler hob sein linkes Bein an.

„Hebe nun auch noch dein rechtes Bein", sagte der Meister.

„Wie sollte ich? Ich könnte nicht mehr stehen und würde hinfallen, oder?", antwortete der Schüler.

Der Meister lächelte und erklärte: „Da hast du recht. Deine Entscheidungsfreiheit endet also mit dem Anheben eines deiner Beine. Bevor du das erste Bein hebst, hast du die Freiheit, dich zu entscheiden, ob du das rechte oder das linke Bein anhebst. Sobald du jedoch eines deiner Beine angehoben hast, endet dort deine Freiheit."

In den Veden und anderen alten Hindu-Schriften finden sich Hinweise auf Tieropfer. Das dafür verwendete Sanskrit-Wort ist ‚*Pashu*‘. Auch wenn die häufigste Bedeutung dieses Wortes „Kuh" ist, bedeutet es auch „Vieh" oder „Tier" im Allgemeinen. Der etymologische Ursprung des Wortes scheint die Sanskritwurzel ‚*Pash*‘ zu sein, die „Seil" bedeutet und ein Symbol für „gefesselt sein" ist. Die eigentliche Bedeutung des Begriffs *Pashu* ist also eine Erinnerung daran, dass wir alle Gefangene des Egos sind, dass wir alle durch Unwissenheit gefesselt sind. Die Zügel unseres Lebens liegen in den Händen des Egos, dirigiert von unserem Mangel an wahrem Wissen und Bewusstsein. Das bedeutet, dass wir, anstatt ein Leben zu führen, das in unserem wahren Wesen begründet ist, ein völlig egozentrisches Leben führen, bestimmt von den Fesseln unserer niederen Emotionen. Wenn die Rishis sagten, man solle ‚*Pashu*‘ opfern, meinten sie damit eigentlich, dass man über die animalischen Tendenzen hinausgehen, sie transzendieren, dem Ego entsagen und frei sein sollte.

In unserem Leben findet ein ständiger Kampf zwischen unserer Vergangenheit, „was wir waren", und der Zukunft, „was wir werden wollen", statt. So entsteht das Ego. Zwischen der Vergangenheit und der Zukunft befindet sich der „gegenwärtige Moment", der Ort des wahren Friedens und des Glücks. Leider verpassen wir diesen Moment immer wieder und werden unaufhörlich von der Zukunft angezogen, von dem Wunsch nach *Karma Phala* (dem Ergebnis unserer Handlungen). Diese Anziehung ist unglaublich intensiv und hartnäckig. Wir fühlen uns wie eine Kuh, der ein Seil um den Hals gebunden ist und die unaufhörlich an der Person zieht, die das andere Ende des Seils festhält. Wenn dieser Kampf aufhört, oder wenn wir darauf verzichten, werden wir vollkommen frei.

Was ist es, das uns begrenzt und endlich macht, uns fesselt? Unsere falschen Vorstellungen vom Leben, von der Welt, von unseren Beziehungen zu Menschen und Gegenständen und von unserer eigenen physischen Existenz. Dieses fundamentale Missverständnis erzeugt eine Fessel der naiven Anhaftung an jeden und alles, mit dem wir in Kontakt kommen. Amma sagt: „Wenn wir das Leben als ‚mein Leben‘, ‚dein Leben‘, ‚sein oder ihr Leben‘ usw. bezeichnen, schaffen wir dadurch eine Trennung, die es in Wirklichkeit nicht gibt. Alle Grenzen sind nur in unserem Mind und unseren Gedanken. Sie sind nur Konzepte des Mindes. In Wirklichkeit ist das Leben die Einheit des Bewusstseins.“

Das Leben ist für uns alle von unschätzbarem Wert. Das ist eine unbestreitbare Wahrheit. Doch was wissen wir über das Leben? Wissen wir etwas über seine höhere Dimension, seine unendliche Natur? Wenn wir sagen: „mein Leben“, denken wir dann jemals daran, dass wir uns nur auf ein „Stück Himmel“ beziehen, das wir durch das Guckloch unseres Mindes sehen? Natürlich ist dieses winzige „Stück“ Teil des unendlichen Himmels. Das Stück, das wir betrachten, ist in Wirklichkeit eins mit dem Himmel. Ein Satguru hilft uns, das zu erkennen und in diesem Bewusstsein der Einheit zu leben.

Ein vollkommener Meister ist jemand, der alle falschen Vorstellungen hinter sich gelassen hat, die durch das begrenzte Ego, den Körper, den Mind, die Welt und die Objekte der Welt entstehen. Sein Bewusstsein hat den Höhepunkt erreicht. Er ist eins mit dem unendlichen Himmel, der Gesamtheit der Existenz. Daher hat er die innere Fähigkeit zu wählen, denn die Freiheit, die er genießt, ist konstant und ohne Fehler.

Die endgültige Vereinigung mit Gott ist so überwältigend, dass man in dieser unvergleichlichen Glückseligkeit dazu neigen kann, die Welt und die eigene physische Existenz zu vergessen. Erleuchtete Wesen können völlig weltvergessen und dadurch gleichgültig gegenüber dem Leid anderer Menschen sein. Sie können dann Menschen, die in der Dunkelheit tappen oder auf der Suche nach Gott sind, nicht helfen, sie führen oder Verantwortung für sie übernehmen. Es kann aber auch sein, dass sie unsagbar mitfühlend werden und so in der Welt, bei den Menschen bleiben, um sie zu führen und ihnen weiterzuhelfen. Ein solches Phänomen nennt man einen Avatar, einen Satguru.

Ich möchte einige Begebenheiten schildern, die sicher helfen werden zu verstehen, was ich damit meine:

Ottoor Unni Namboothirippad war ein bedeutender Gelehrter, Dichter und glühender Verehrer von Lord Krishna. Er zog 1983 permanent in Ammas Ashram. Zu diesem Zeitpunkt war er fünfundachtzig Jahre alt, doch vor Amma war er wie ein kleines Kind. Amma nannte ihn liebevoll ‚Unni Kannan' oder Ottoor-mon (Sohn). Ottoors einziger Wunsch, sein einziges Gebet an Amma, war: „Amma, lass meinen Kopf auf Deinem Schoß ruhen, während meinem letzten Atemzug. Das ist mein einziger Wunsch, mein einziges Gebet. O meine Mutter, bitte lass mich mit meinem Kopf auf Deinem Schoß sterben." Dieses Gebet wiederholte er inbrünstig, wann immer er auf Amma traf.

Kurz vor Ammas dritter Welttournee im Jahr 1989 verschlechterte sich Ottoors Gesundheitszustand erheblich. Sein Zustand wurde sehr ernst, und er war bettlägerig. Alle, auch die Ärzte, dachten, er würde sterben. Seine einzige Angst war, dass er sterben würde, während Amma im Ausland war.

Eines Tages äußerte Ottoor gegenüber Amma seine Befürchtung, zu sterben, bevor Amma von ihrer US-Tournee zurückgekehrte. Denn dann wäre es unmöglich, in Ammas Schoß zu sterben und sein sehnlichster Wunsch würde nicht in Erfüllung gehen. Amma streichelte ihn liebevoll und antwortete mit höchster Autorität: „Nein, mein Sohn, das wird nicht passieren! Sei dir sicher, dass du deinen Körper erst nach Ammas Rückkehr verlassen wirst." Dies war ein großer Trost für Ottoor, denn diese Zusicherung kam direkt von Ammas selbst. Ottoor glaubte fest daran, dass der Tod ihn nicht holen konnte, bevor Amma zurückkam.

So geschah es dann am Morgen des 25. August, genau wie Amma es vorhergesagt hatte: Ottoor hauchte seinen letzten Atemzug, während sein Kopf auf Ammas Schoß ruhte. Der Punkt dieser Geschichte ist, dass, als Ottoor befürchtete, er würde sterben, bevor Amma von ihrer Auslandsreise zurückkam, Amma ihm mit Nachdruck sagte: „Nein, mein Sohn, das wird nicht passieren! Habe keinen Zweifel daran, dass du deinen Körper erst nach Ammas Rückkehr verlassen wirst." Die Frage ist, wer außer einem Satguru wie Amma, die den Tod besiegt hat und über Geburt und Tod hinausgegangen ist, kann dem Tod befehlen, ihren Devotee nicht ohne ihre Erlaubnis zu holen?

Ein weiterer, höchst erstaunlicher Teil von Ottoors Leben ist, dass er fünfundzwanzig Jahre bevor Amma geboren wurde, ein Lied schrieb. Die relevanten Teile des Liedes lauten wie folgt:

> *kaṇṇande puṇya nāma varṇangaḷ*
> *karṇattilennu kēḷkkum ñān.*

> Wann werde ich die verheißungsvollen Namen Krishnas in meinen Ohren hören.

Die letzte Strophe des Liedes lautet:

> *āṭṭavum kazhiññammatan maṭi*
> *taṭṭilēkennu vīzhum ñān*
> *vīṇumammatan śītalānkattil*
> *sānandam ennurangum ñān*

> Wann werde ich endlich in den Schoß meiner Mutter fallen, nachdem das Theaterstück aufgeführt wurde? Wann werde ich, nachdem ich in den Schoß meiner Mutter gefallen bin, selig schlafen?

Wie es sich dieser große Devotee Gottes wünschte, verließ er seinen Körper, während sein Kopf in Ammas Schoß ruhte und er die wunderschöne Gestalt seines geliebten Krishnas in ihrem Antlitz erblicken konnte.

Dieses Ereignis zeigt, wie eine Inkarnation Gottes, so wie Amma eine ist, die aufrichtigen und rückhaltlosen Gebete eines wahren Devotees erfüllt.

Es gibt eine Geschichte aus dem Leben der großen Heiligen Mira Bai, an die man sich heute noch wegen ihrer bedingungslosen Liebe und Hingabe an Lord Krishna erinnert. Einer der Könige von Mewar (im heutigen Rajasthan) wurde sehr eifersüchtig auf Miras Popularität und beschloss, sie zu vergiften. Sie nahm den Becher mit Gift glücklich an und trank ihn, nachdem sie ihn, wie es ihre Gewohnheit war, zuerst Krishna dargebracht hatte. Es geschah ein Wunder. Das Gift im Becher, das Mira Bai trank, wurde zu harmlosem Nektar. Sie blieb unversehrt, aber Krishnas Statue begann durch die Wirkung des Giftes seine Farbe zu verändern.

Es gab einmal einen Hund, der Amma sehr nahe stand. Er war ihr treuer Diener und Wächter.

In den frühen 80er Jahren erkrankte dieser Hund an Tollwut und wurde an einen Baum gekettet. Obwohl wir alle versuchten, sie daran zu hindern, ging Amma zu dem Hund hin und fütterte ihn mit ihren eigenen Händen, streichelte und küsste ihn. Wir wollten, dass Amma sich gegen Tollwut impfen lässt, aber Amma sagte: „Kein Problem. Es wird nichts passieren."

Diese Ereignisse zeigen das Einssein dieser großen Meister mit dem Universum, mit Gott, mit der Unendlichkeit.

Für Menschen wie uns gibt es Liebe nur in persönlichen Beziehungen. Die „Liebe" als universelles Prinzip ist jedoch unpersönlich. Sie ist jenseits aller Schranken von Religion, Nationalität, Sprache, Menschen, Tieren, Pflanzen usw. Sie transzendiert alles, alle Namen und Formen. Sie wird formlos. In diesem Zustand berührt einen nichts, denn man un-identifiziert sich völlig von seinem Körper.

Als Amma anfing, Menschen zu empfangen, indem sie jeden umarmte, der zu ihr kam, gab es viele Proteste und Anfeindungen von den Dorfbewohnern und Ammas eigenen Familienmitgliedern. Aus Sicht der vorherrschenden Tradition war die Missbilligung ihrer Familie verständlich, denn ein junges Mädchen, das Menschen jeden Alters, unabhängig von deren Geschlecht, umarmt, war nicht Teil ihrer Kultur. Eine der größten Sorgen war, dass niemand aus einer angesehenen Familie den Mädchen der Familie einen Heiratsantrag unterbreiten wird.

Als alle Bemühungen fehlschlugen, Amma von ihrem „seltsamen Verhalten" abzuhalten, sperrte einer ihrer Cousins sie in einem Zimmer ein und drohte ihr mit einem Messer: Er würde sie umbringen, wenn sie nicht aufhöre, alle Menschen zu umarmen. Amma ließ sich nicht beirren und gab trotz der Drohungen des Cousins keinen Millimeter nach. Sie sagte ihm ganz ruhig: „Töte mich, wenn du willst. Du kannst nur den Körper zerstören. Die Seele ist unvergänglich. Komme, was wolle, ich werde mein Verhalten unter keinen Umständen ändern. Dies ist mein Dharma. Ich werde der Welt mein Leben opfern, um leidende Menschen zu trösten und zu ermutigen, bis ich meinen letzten Atemzug getan habe. Ich gebe mich dieser Sache völlig hin." Man stelle sich vor, wie die Welt heute aussähe, wenn Amma Angst bekommen und den Drohungen nachgegeben hätte! Nur ein paar Worte: „Ja, ich werde gehorchen", hätten die Geschichte verändert. Nachdem er Zeuge von Ammas Willenskraft, ihrer Furchtlosigkeit und der Entschlossenheit ihrer Worte wurde, verschlug es dem Cousin die Sprache und er verließ verärgert den Raum.

Nur ein wahrer spiritueller Meister wie Amma, der eins mit dem Universum ist, der sich aller Geheimnisse des Lebens voll bewusst ist, der völlig furchtlos und in reiner, bedingungslosen Liebe verankert ist, kann uns in diesem Prozess helfen.

Amma hat sich aus reinem Mitgefühl entschieden, in dieser Welt zu leben, um die Menschen von der „Unwahrheit zur Wahrheit, von der Dunkelheit zum Licht und vom Tod zur Unsterblichkeit" zu führen. Wie in den Schriften erklärt wird, ist ein solcher großer Meister, ein Satguru, der Brahman, die letztendliche Realität erkannt hat, wahrhaftig Brahman selbst. Sie sind die Verkörperung Gottes.

7 EIN HERZ SO WEIT WIE DER HIMMEL

Die Welt kennt nur eine Art Liebe, besser bekannt als „Anhaftung". Diese Emotion wird zwar im Allgemeinen als Liebe benannt, ist aber keine echte Liebe, denn Anhaftung kann sich jederzeit in die entgegengesetzte Richtung bewegen und in Abneigung umwandeln. Mit anderen Worten: Anhaftung, also die Anziehung zu einer Person oder einem Objekt, ist wie eine Maske. Unter dieser Maske verbirgt sich Abneigung oder Abscheu.

Heute liebt man jemanden, weil er oder sie einem gefällt. Wenn dieselbe Person einen morgen kritisiert, verwandelt sich unsere Liebe in Hass. Im Grunde genommen mag man entweder eine Person oder ein Objekt, oder man mag sie nicht. Alle unsere Emotionen gehören also einer von zwei Kategorien an: „mögen und nicht mögen". Wenn man jemanden mag, fühlt man sich zu dieser Person hingezogen oder hängt an ihr, ein anderes Mal hingegen wird man wiederum von Abneigung überwältigt.

Durch unsere falsche Wahrnehmung der Welt glauben wir, dass Liebe nur möglich ist, wenn es auch zwei voneinander getrennte Wesen gibt. In Wirklichkeit ist die Liebe beides, sie kann eine Gestalt annehmen oder auch nicht, dann existiert sie gestaltlos. „Zwei" können zu „Einem" verschmelzen und schließlich alle Dualität transzendieren. In den Narada- *Bhakti-Sutras* sagt der Weise:

sā tvasmin parama prēma rūpa

Bhakti, ist die absolute Liebe zum Höchsten Wesen. (2)

Bhakti, die reine Liebe, ist keine Emotion. Sie ist von Natur aus unsterblich, während Emotionen kommen und gehen, sich ständig ändern, unbeständig sind.

Wir lieben jemanden oder etwas nie ohne Grund. Ich liebe ihn, weil er gut aussieht. Sie ist meine Chefin, also mag ich sie. Emotionen kommen und gehen. Wenn ein naher Freund oder Verwandter stirbt, ist man eine Zeit lang traurig. Irgendwann vergisst man sie. Menschen, die eine Scheidung durchmachen, leiden eine Zeit lang, dann gehen sie zu einer anderen Beziehung über.

In der *Bhagavad Gita* heißt es:

> *mātrā-sparśās tu kauntēya*
> *śītoṣṇa-sukha-duḥkha-dāḥ*
> *āgamāpāyino'nityās tans-*
> *titikṣasva bhārata*

Die Vorstellungen von Hitze und Kälte,
von Schmerz und Vergnügen entstehen,
oh Sohn von Kunti, nur durch den
Kontakt der Sinne mit den Objekten.
Sie haben einen Anfang und ein Ende.
Sie sind in ihrer Natur unbeständig.

Ertrage sie geduldig, oh Nachkomme von Bharata. (2.14)

Echte Hingabe, Liebe um der Liebe selbst willen, geht über unsere Sicht der Vorlieben und Abneigungen hinaus. Sie bedeutet, sich selbst, das eigene Ego, in der unermesslichen Unendlichkeit Gottes zu verlieren. Das folgende Gedicht von Mira Bai, der unvergleichlichen Devotee von Lord Krishna, kann einen Einblick in die höchste Form der Liebe geben:

Unzerbrechlich, oh Herr,
Ist die Liebe
Die mich an Dich bindet:
Wie ein Diamant,

Er zerbricht den Hammer, der ihn
schlägt.
Mein Herz dringt ein in Dich
Wie die Politur ins Gold geht.
Wie die Lotosblume im Wasser lebt,

Ich lebe in Dir.
Wie der Vogel
Der die ganze Nacht beobachtet
den vorbeiziehenden Mond,

Ich habe mich verloren, in Dir
existierend.

Ich erinnere mich an Ammas Worte: „Überall auf
der Welt sagen die Menschen: ‚Ich liebe dich‘. Es
klingt, als ob die ‚Liebe‘ zwischen ‚ich‘ und ‚du‘
gefangen ist. Wir sollten uns auf die Reise von ‚Ich
liebe dich‘ zu ‚Ich bin Liebe‘ begeben, denn das
ist die Wahrheit unserer Existenz. Wir sind Liebe
ohne eine Form, die Verkörperung der Liebe.“
Amma sagt: „Wenn du in der Liebe zu Hause
bist, ist der Zustand der Liebe eher unpersönlich.
In diesem Zustand empfindet man nicht: ‚Ich
liebe diese Person‘ oder ‚Ich liebe jene Person‘.“
Wenn man Amma beobachtet, bekommt man
ein tieferes Verständnis für dieses Konzept. Sie
liebt einfach. Sie ist Liebe. Amma ist immer
verfügbar. Amma sagt dazu: „Ich fließe einfach
wie ein Fluss.“
Für eine große Meisterin wie Amma, die ständig im Zustand des reinsten Bewusstseins ruht,
ist die Glückseligkeit der Existenz ihre ureigene
Natur, und der Himmel des Bewusstseins ist
ihr natürlicher Aufenthaltsort. Beziehungen wie
Mutter und Kind, Guru und Schüler, Freund
und Feind gibt es in diesem Bewusstseinszustand

nicht. Die einzige Erfahrung ist *Shivoham*: „Ich bin Shiva, das reine Bewusstsein". Dazu kommen mir die berühmten Zeilen aus Sri Adi Shankaracharyas *Nirvaanashatkam*, einer Destillation seiner Erfahrung des Höchsten, in den Sinn:

> *na bandhūr na mitram*
> *gururnaiva śiṣyaḥ*
> *cidānanda rūpaḥ śivō'ham śivō'ham*

> Ich hab weder Freund noch Kamerad, weder Guru noch Schüler. Ich bin reines Bewusstsein, Glückseligkeit. Ich bin Shiva! Ich bin Shiva! (5)

Mind und Körper, Anhaftung und Befreiung, Handeln und Nichthandeln gibt es nur auf der Erfahrungsebene. Jenseits von all dem existiert unteilbares Bewusstsein ohne Anfang, Mitte oder Ende.

Was gab es vor der Schöpfung, d. h. vor dem, was die moderne Wissenschaft als „Urknall" bezeichnet? Selbst die Wissenschaft hat darüber nur Theorien.

Die Sanatana-Dharma -Schriften verkünden; das Universum ist aus der heiligen Silbe OM entstanden. Die Vielfalt des Lebens ist einem einzigen Prinzip entsprungen. Mit anderen Worten: Das Universum manifestierte sich aus dem Nichts. Obwohl keine Formen existierten, war dieses „Nichts" nicht die Abwesenheit oder Leere, sondern die Präsenz einer Superintelligenz, der subtilsten und mächtigsten Form von Energie, der Essenz von allem, der Essenz des ganzen Universum.

In der *Bhagavad Gita* heißt es:

paras tasmāt tu
bhāvō'nyō'vyaktō'vyaktāt sanātanaḥ
yaḥ sa sarveṣu bhūtēṣu
naśyatsu na vinaśyati

Aber verschieden von diesem Unmanifestierten ist die andere ewige unmanifestierte Wirklichkeit, die nicht zerstört wird, wenn alle Wesen zerstört werden. (8.20)

avyaktō'kṣara ityuktas tam
āhuḥ paramām gatim
yam prāpya na nivartantē tad
dhāma paramam mama

Ihn, der als der Unmanifestierte, der
Unwandelbare beschrieben wurde,
nennen sie das höchste Ziel. Das ist der
höchste Aufenthaltsort von mir, einmal
erreicht, kehrt keiner mehr zurück. (8.21)

Es gibt eine schöne Geschichte in der Chandogya
Upanishad:

Shvetaketu, der wissbegierige Sohn, fragte
seinen Vater Uddalaka, einen großen Weisen:
„Warum bin ich nicht in der Lage, Atma zu sehen,
wenn er allgegenwärtig ist?"

„Bring mir eine Frucht vom Nyagrodha-Baum
(Banyan)", befahl der Vater. Als der Junge mit der
Frucht zurückkehrte, forderte der Vater in auf, er
solle sie aufbrechen und hineinschauen.

Dann fragte er seinen Sohn: „Was siehst du?"

„Ich sehe einige Samen, Vater, sehr kleine",
antwortete dieser.

„Zerbrich einen davon."

„Er ist offen, Vater."

„Was siehst du jetzt?"

„Nichts."

Daraufhin sagte der Vater: „Mein Sohn, kann
dieses Wunderwerk von einem Baum aus dem
Nichts entstehen? Es ist einfach so, dass du nicht

in der Lage bist, die subtile Essenz des Baumes zu sehen, die in dem Samen enthalten ist. Genau in dieser Essenz liegt das Wesen des riesigen Banyanbaums. Sei gewiss, dass diese Essenz das Substrat der gesamten Existenz in sich trägt. Das ist die Wahrheit, das ist das Selbst, und du, Shvetaketu, bist das."

In der Taittiriyopanishad ist zu lesen:

so, akāmayata, bahusyām prajāyēyēti,
sa tapō, atapyata, sa tapastaptvā,
idam sarvamasṛjata, yadidam
kiñca, tat sṛṣtvā, tadēvānuprāviśat,
tadanupraviśya, sacca tyaccābhavat,
niruktam cāniruktam ca, nilayanam
cānilayanam ca, vijnānam cāvijnānam
ca, satyam cānṛtam ca satyamabhavat,
yadidam kiñca, tatsatyamityācakṣatē.

Er (das höchste Selbst) wünschte: „Möge ich viele sein, möge ich geboren werden." Er sich Entbehrungen auf. Nachdem Er die Entbehrungen ertragen hatte, schuf Er all dies – alles was es gibt. Nachdem Er all dies erschaffen hatte, verband Er sich damit. Nachdem

Er darin eingetreten war, wurde Er sowohl das Manifestierte als auch das Unmanifestierte, sowohl das Definierte als auch das Undefinierte, sowohl das Gestützte als auch das Ungestützte, sowohl das Intelligente als auch das Nicht-Intelligente, sowohl das Wirkliche als auch das Unwirkliche. Das Satya (das Wahre) wurde all dies: alles, was es gibt. Deshalb nennen es (die Weisen) das Wahre (Brahman). (Brahmananda Valli 6:6)

Vielleicht ist dies eine weitere gute Variante, den Zustand vor dem „Urknall" zu beschreiben und wie sich die Schöpfung entfaltete.

Ammas Worte strahlen in dem ehrwürdigen Licht der höchsten Wahrheit. Sie tragen verborgen die bedeutenden, universellen Wahrheiten in sich. Deshalb werden die Aussagen von spirituell erleuchteten Seelen als heiliges Gesetz betrachtet und es ist der Grund dafür, warum diese universellen Wahrheiten als ‚*Sabda Pramana*' (maßgebliches verbales Zeugnis der absoluten Wahrheit) bekannt sind. Um sie wirklich zu verstehen, muss der Mind in einen meditativen Zustand gebracht werden.

Die Lehre eines Satgurus muss nicht immer verbal sein. Die Methoden des Gurus sind unergründlich. Der Schüler sollte die Liebe und die Geduld haben, den Guru fortwährend zu beobachten. Unschuldige Liebe dem Guru gegenüber hilft eine harmonische und ungehinderte Verbindung zum Guru zu entwickeln. In dieser Liebe ist es möglich das Schweigen des Gurus und auch jede seiner Bewegungen zu verstehen.

Suchen wir nicht die Hilfe eines Muttersprachlers, wenn wir eine neue Sprache lernen wollen? Auch die äußerst subtile spirituelle Sprache ist uns unbekannt, während sie für Amma ihre wahre Heimat ist, ihre Muttersprache, ihr ganz eigener Weg der Kommunikation.

In einer Schüler-Lehrer-Beziehung beinhaltet der Unterricht ein Klassenzimmer, eine bestimmte Zeit, eine Atmosphäre, vorgeschriebene Lehrbücher und so weiter. In der Guru-Schüler-Beziehung hingegen findet das Lernen die ganze Zeit und unter allen Umständen statt. Die Handlungen des Gurus, seine Worte, sein Schweigen, sein Zorn, sein Lächeln, sein Blick, das Zucken seiner Augenbrauen, die Bewegungen seiner Augen, alles kann eine weitere Lektion des Unbekannten enthüllen, egal ob es bedeutsam oder unbedeutend erscheint.

Spirituelles Wissen ist das subtilste Wissen überhaupt. Die Kommunikation darüber kann nicht immer verbal sein. In der Tat sind Worte sehr begrenzt und können dadurch die Wahrheit verzerren. Umso wichtiger ist es, den Guru zu beobachten. Wenn der Schüler Entschlossenheit, Aufrichtigkeit und Liebe mitbringt, wird sich dieses Beobachten allmählich in Meditation verwandeln.

Ein Schüler zu sein ist einfach, aber einem spirituellen Meister zu folgen, erfordert enormen Mut und Liebe. Während Ersteres nur eine intellektuelle Übung das Anhäufen von Informationen ist, bedeutet Letzteres, alles zu vergessen, was man von der Außenwelt in sich aufgenommen hat, und alles von sich dem Guru vollständig zur Verfügung zu stellen, damit er einen neu erschaffen kann. Daher sagt Amma: „In einer echten Guru-Schüler-Beziehung ist es schwierig, zwischen dem Guru und dem Schüler zu unterscheiden. Das liegt daran, dass der Guru bescheidener sein wird als der Schüler." Amma fügt hinzu: „Die Geduld des Gurus ist die Rettung des Schülers." Der Schüler eines Gurus ist wie ein frisch geschlüpftes Küken. Es kann nicht so wie seine Mutter fliegen. Wenn es seine kleinen Flügelchen betrachtet, fragt es sich, ob es jemals das gleiche „Kunststück" wie seine Vogelmutter vollbringen kann. Das Vogelbaby möchte auch hoch hinaus in den Himmel und ihn für sich erobern, aber es hat Angst davor, loszufliegen. Je mehr es seiner Mutter dabei zusieht, wie sie das „Unmögliche" tut, entwickelt sich in dem Vogelbaby ein immer stärkeres Verlangen danach, selbst zu fliegen. Es schlägt mit seinen kleinen Flügelchen, aber es gelingt ihm nicht einmal, sich auch nur ein winziges Stück aus dem Nest zu erheben. Irgendwann hilft die Mutter mit und ermutigt ihr Kleines, sich zu trauen. Sie demonstriert sogar ihre Flugkünste vor dem Vogelbaby, als würde sie es dazu einladen, überreden und anlocken, ihrem Beispiel zu folgen, als würde sie ihrem Baby sagen: „Keine Angst, mein Schatz, ich bin hier, um dich zu beschützen und dich vor dem Abstürzen zu bewahren." Dann kommt der Moment, in dem die Mutter ein wenig rücksichtslos zu sein scheint, um genau zu sein: rücksichtslos liebevoll. Sie stößt das Vogelbaby aus dem Nest. Und siehe da, der kleine Vogel öffnet spontan seine Flügel und fliegt! Dieser Schubs ist nötig, sonst bleibt der kleine Vogel in seinem Angst-Käfig gefangen und verliert sein innewohnendes Potenzial. Die Vogelmutter in dieser Anekdote steht für den Satguru.

Ein Satguru wie Amma ist wie eine wahre Mutter. Damit ein Schüler die beste Beziehung zum Guru aufbauen kann, muss er die Haltung eines Kindes annehmen. Im Mutterleib ist jedes Baby noch völlig eins mit der Mutter. Das Baby isst, schläft und atmet durch sie. Diese Bindung ist so tief, dass sie unauflösbar ist. Der Schüler sollte eine ähnliche Bindung mit dem Guru haben, nur von einer noch größeren Tiefe und Intensität. Eine so unschuldige Beziehung ist der beste Weg, um Altes zu verlernen und Neues zu lernen, um alles bisherige in der Gegenwart des Satgurus zu verlernen und dann neu zu lernen.

Was den Schüler betrifft, so ist er sich der Feinheiten der spirituellen Reise, auf die er sich begibt, überhaupt nicht bewusst. Sowohl die Reise als auch das Ziel sind ihm völlig unbekannt. Wenn wir eine neue Stadt oder ein neues Land besuchen, nehmen wir die Hilfe eines ortskundigen Führers in Anspruch, der jeden Winkel der Gegend genau kennt, nicht wahr? Der Schlüssel zur spirituellen Verwirklichung ist ein einziges Wort - Vertrauen.

Ich möchte eine Geschichte erzählen. Ein kleines Mädchen ließ seine Puppe fallen, und diese zerbrach. Als das Kind die zerbrochenen Teile der Puppe sah, begann es laut zu weinen. Noch mit Tränen in den Augen sagte sie zu ihrem Bruder: „Ich werde zu Gott beten, damit er die Scherben meiner Puppe wieder zusammenfügt."

„Wird Gott dein Gebet erhören?" Der Bruder äußerte seine Zweifel und gab dann sein Urteil ab: „Ich glaube kaum!"

„Gott wird meine Gebete auf jeden Fall erhören!", erklärte das Mädchen voller Vertrauen.

Die Zeit verging und irgendwann fragte der Bruder seine jüngere Schwester: „Hast du schon eine Antwort bekommen?"

Mit absolutem Glauben und Vertrauen sagte das Mädchen: „Ja. Gott hat gesagt: ‚Sie kann nicht repariert werden!'"

Die einzige Zuflucht eines Kindes ist seine Mutter. Wenn wir lernen in unserem Herzen wieder zum Kind werden, können wir uns einen

Platz in Ammas Herzen sichern. Amma ist so weit wie der Himmel. Sie wird uns an sich drücken und uns über den Ozean des Samsaras, des endlosen Leidens, tragen.

Amma sagt: „Die Liebe des Gurus durchdringt das ganze Universum. Deswegen können die physischen Grenzen von Zeit und Raum den Fluss dieser Liebe nicht einschränken."

Im Jahr 1999 erlitt ich einen Bandscheibenvorfall an der Halswirbelsäule. Es war eine Zeit schlimmer Schmerzen und Leidens. Amma war die erste, die mich davor warnte, was passieren könnte. Wir waren auf Ammas jährlicher Nordindien-Tournee. Gleich nach dem letzten Programm in Bangalore berührte Amma sanft meine Schulter, während sie hinter mir im Auto saß. In dem Moment, als Amma mich berührte, wusste ich irgendwie, dass diese Berührung etwas Besonderes war. Sie war voller Sorge, Liebe und anderer tiefer Gefühle. Wenn Amma uns berührt oder uns ansieht, ist es immer etwas Besonderes, aber mit jedem Blick und jeder Berührung sagt Amma uns jedes Mal etwas anderes, gibt uns jedes Mal eine andere Botschaft. Ihre Hände sprachen, ihre Augen sprachen, Ammas ganzer Körper sprach zu mir.

Auf der Tournee kam ich dann in ein Krankenhaus in Mumbai, wo ich behandelt wurde. Amma besuchte mich noch im Krankenhaus und brach dann zu ihrer Tournee nach Mauritius und La Reunion auf. Ich war fast drei Monate lang ans Bett gefesselt. Es war eine sehr schwierige Zeit. Letztendlich verboten mir die Ärzte, jemals wieder Harmonium zu spielen. Sie sagten, die übermäßige Belastung meines Nackens könne einen Rückfall verursachen.

In jenen Tagen spielte ich Harmonium, während ich Bhajans für Amma sang, es war ein unglaublich glücklicher Teil meines Lebens. Singen und Harmonium spielen war für mich untrennbar miteinander verbunden. Es brach mir das Herz bei dem Gedanken, nicht mehr spielen zu können. Amma war bereits in La Reunion und ich konnte sie in dieser Angelegenheit nicht um Rat fragen.

Nachdem ich das Krankenhaus verlassen hatte, wohnte ich bei einer mir nahestehenden Familie in Mumbai, da ich aufgrund meiner Bandscheibe nicht reisen konnte. Ich war unendlich traurig, als ich daran dachte, dass ich nie wieder Harmonium spielen kann. Ich konnte nicht anders, als weinen und zu Amma um ihre Gnade und Führung zu beten.

In diesem Haus gab es einen besonderen Raum, in dem Amma immer wohnte, wenn sie Mumbai besuchte. Die Familie hatte ihn zu einem Meditationsraum umgestalltet. Ich ging dorthin, setzte mich neben Ammas Bett und weinte. Ich betete aus ganzem Herzen zu ihr. Nach etwa einer halben Stunde kam der Vater der Familie in den Raum. Er reichte mir ein schnurloses Telefon und sagte: „Amma ist am Apparat, von der Insel La Reunion."

Ich erzählte Amma, was die Ärzte gesagt hatten. Nachdem sie mir zugehört hatte, antwortete sie ruhig: „Mach dir keine Sorgen, mein Sohn, du wirst wieder Harmonium spielen und dazu singen können."

Ich fragte: „Wann?"

Amma sagte: „Heute."

„Heute!" Ich war überglücklich.

„Heute, wann, um welche Uhrzeit?", fragte ich.

Amma sagte: „Abends, wenn Amma die Abend-Bhajans beginnt, spielst du das Harmonium und singst, sobald Amma den ersten Bhajan, das Ganesha-Lied, singt. Aber für den Anfang nur einen Bhajan.

Und genau so geschah es. Als Amma die abendlichen Bhajans auf der Insel La Reunion begann, saß ich in demselben Raum, in dem Amma in Mumbai übernachtet hatte, spielte dankbar das Harmonium und sang dazu:

> *śrīpādamāhātmyam ārkkariyām.*
> *guru pādattin vaibhavam ārkkariyām*
> *śrīpādamāhātmyam ārkkariyām.*
> *guru pādattin vaibhavam ārkkariyām*

> Wer kennt die Bedeutsamkeit der Lotosfüße des Gurus? Wer kennt die Erhabenheit der Füße des Gurus?

8 GEBURTSTAGSGESCHENK

Es gibt Menschen, die vertreten die Ansicht, dass die Führung eines Gurus nicht notwendig ist, um die endgültige Verwirklichung des Selbst zu erreichen. Dies mag im Fall eines Suchenden zutreffen, der mit enormem *Samskara* (spirituellem Reichtum, der in früheren Leben angesammelt und in dieses Leben mitgebracht wurde) geboren wird. Aber selbst solche seltenen Seelen brauchen vielleicht dennoch jemanden, der ihnen einen kleinen Stoß versetzt, um den endgültigen Zustand der totalen Befreiung zu erreichen.

Amma sagt: „Es gibt eine Phase im Leben eines Suchenden, wenn er oder sie alles getan hat, was möglich ist. Nachdem alle Bemühungen unternommen wurden, kommt ein Punkt des Stillstands, an dem der Suchende nichts anderes zu tun hat, als auf die endgültige Verwirklichung zu warten. Er steht an einer Schwelle und weiß nicht, was er als nächstes tun soll. Er wartet und wartet. Wenn nichts geschieht, besteht die Gefahr, dass der Suchende ärgerlich wird. Wenn er die Geduld verliert, wendet er sich vielleicht vom Ziel ab und fällt zurück in die Welt und denkt: ‚So etwas wie Selbstverwirklichung gibt es nicht'. An diesem Punkt ist alles, was der Sadhak braucht, ein kleiner Schubs von jemandem, einem vollkommenen Meister, der den Weg schon zurückgelegt hat und am endgültigen Ziel angekommen ist."

Sich allein auf die Schriften zu verlassen, kann den Suchenden leicht verwirren. Die Rishis müssen große Schwierigkeiten gehabt haben, ihre Erfahrung des Unendlichen mit den begrenzten Worten des Endlichen zu vermitteln. In ihrem Bemühen, die tiefsten Geheimnisse des Universums zu enthüllen, haben die Weisen sehr sorgfältig minimale Worte gewählt, um der Welt ihre Erfahrungen mitzuteilen. Jedes Wort ist ein Samen, der zu einem riesigen Baum des Wissens heranwachsen kann. In jedem Wort steckt die Wahrheit, die sich hinter der Schöpfung verbirgt.

Ein Studium der heiligen Schriften ist, als würde man einen dichten Wald betreten. Er ist bezaubernd und gleichzeitig trügerisch. Warum das so ist? Weil die Wahrheit tief unter der Oberfläche der poetischen Sprache verborgen liegt. Die Weisen waren schöpferische und gelehrte Menschen, daher enthielten ihre Schriften literarische Kunst.

Obwohl die höchste Wahrheit immer die gleiche, einzige Wahrheit ist, wird sie in verschiedenen Schriften unterschiedlich beschrieben und interpretiert. Es gibt Tausende von Kommentaren. Ohne die Hilfe eines Satgurus ist es äußerst schwierig, die verborgenen Bedeutungen, vielfältigen Verflechtungen, scheinbaren Widersprüche, Unlogiken und Feinheiten der Aphorismen der Schriften zu verstehen und zu verinnerlichen.

In der *Bhagavad Gita* sagt Lord Krishna:

> *tat viddhi praṇipātēna*
> *paripraśnēna sēvayā*
> *upadekṣyanti tē jñānam*
> *jñāninas tattva darśinaḥ*

> Wisse, dass die Weisen, jene, welche die Wahrheit kennen, dich, wenn du dich verbeugst, fragst und dienst, in diesem Wissen unterweisen werden. (4.34)

Ein Satguru ist eher weiblich als männlich. Ein vollkommener Meister muss von Natur aus mütterlich sein, denn nur eine Mutter besitzt das Verständnis, die Geduld und die Liebe, die für das Wachstum des Kindes unerlässlich sind. Während das Herz einer normalen Mutter nur ihr eigenes

Kinder einschließt, ist das Herz eines Satgurus so groß wie das Universum. In der Gegenwart eines Satgurus zu sein, ihm zu dienen und ihm zu erlauben, einen zu disziplinieren, kann mit dem Aufenthalt im Schoß einer Mutter verglichen werden. Erlaube dem Guru, dir dein wahres Selbst zu zeigen. Wenn du das tust, wirst du das ganze Universum erhalten. Doch vorher musst du erst viele Dinge verlieren.

Einmal fragte ein Mann einen spirituellen Suchenden: „Was hast du dadurch gewonnen, dass du dich Gott voll hingegeben hast?"

Der Suchende antwortete: „Nichts, aber ich kann dir sagen, was ich verloren habe: Wut, Ego, Gier, Depression, Unsicherheit und Angst vor dem Tod. Manchmal ist die Antwort auf unsere Gebete kein Gewinn, sondern ein Verlust, der letztlich ein Gewinn ist."

Buddha sagte: „Ich kann nur sagen, dass ich etwas verloren habe - das Ego, den Mind. Ich habe überhaupt nichts erlangt. Heute weiß ich, dass alles, was ich habe, immer schon da war. Es war in jeder Schicht, es war in jedem Stein, in jeder Blume, nur erkenne ich erst jetzt, dass es immer schon so war. Ich war blind, und ich verlor diese

Blindheit; ich habe nichts erreicht, ich habe nur etwas verloren.“

Manche Reporter fragen Amma: „Sind Sie ein Avatar, eine Inkarnation Gottes?“

Ammas spontane Antwort auf diese Frage ist: „Du bist auch ein Avatar. Jeder ist göttlich. Alles ist von Gott durchdrungen. Das ist, was wir sind.“

Moksha (Befreiung und völlige Freiheit von Körper, Mind und Intellekt) ist keine individuelle Erfahrung, auch wenn es aus unserer Perspektive so erscheint. Für ihn oder sie ist das Heraufdämmern dieser höchsten Erkenntnis auch das Verschwinden aller Unvollkommenheiten, die in Wirklichkeit nur äußerlich vorhanden sind. Das bedeutet, dass die ganze Welt Vollkommenheit erlangt. Die ultimative spirituelle Verwirklichung wird normalerweise als die subjektive Erfahrung eines einzelnen Individuums beschrieben. Für ihn oder sie erwacht jedoch die gesamte Schöpfung. Das liegt daran, dass sie von diesem Moment an alles mit reinem Bewusstsein durchdrungen sehen. Einmal in diesem Bewusstseinszustand angekommen, geht die Sonne auf, nur um nie wieder unterzugehen. Ein Satguru kann seinem Schüler dieses Wissen vermitteln, vorausgesetzt, der Schüler hat tiefes unschuldiges Vertrauen in den Guru.

Es gibt eine schöne Geschichte von Thotakacharya, einem der engsten Schüler von Adi Shankaracharya, dem Vertreter des Advaita Vedanta.

Es gab vier Schüler in Sri Shankaras innersten Zirkel: Padmapada, Hasthamalaka, Sureswara und Thotaka. Unter den Vieren galt Thotaka als unintellektuell und stumpfsinnig. Seine aufrichtige Hingabe an seinen Guru war jedoch unbestritten, und er war immer auf die eine oder andere Weise mit *Guru Seva* (selbstloser Dienst für den Guru) beschäftigt. Eines Tages wollte Adi Shankara mit dem Lehren der heiligen Schriften beginnen, aber Thotaka war noch nicht da. Er war damit beschäftigt, die Kleider seines Gurus zu waschen, eine seiner Hauptaufgaben. Während er auf Thotaka wartete, sagte Padmapada, einer der gebildeten Schüler Sri Shankaras: „Er versteht sowieso keines der subtilen Prinzipien der Verse. Warum warten wir überhaupt auf ihn?" Darauf erwiderte Sri Shankara: „Du hast keine Ahnung von seinem enormen Glauben in den Guru."

Sri Shankara wollte Padmapadas falschen Stolz beseitigen und demonstrieren, wie der Schüler durch Guru-Bhakti reines Wissen erlangen kann, auch wenn er nicht in den Schriften bewandert ist. Es wird erzählt, dass Sri Shankara in die Richtung blickte, in der Thotaka mit dem Waschen der Kleidung beschäftigt war, und ihm seine Gnade schenkte. Thotaka wurde erleuchtet. Wissen erwachte in ihm. In diesem Moment spürte er seinen Guru rufen. Er kam ins Klassenzimmer und rezitierte das berühmte *Thotakaashtakam* ([9]), das wie folgt beginnt:

> *viditākhilaśāstrasudhājaladhē*
> *mahitōpaniṣat kathitārthanidhē*
> *hṛdayē kalayē vimalam caraṇam*
> *bhava śankara dēśika mē śaraṇam*

Oh Du, der Wissende des ganzen Milchozeans der Schriften! Du, der Du die Themen der großen Schatzkammer der Upanishaden erklärst! Auf Deine makellosen Füße meditiere ich in meinem Herzen. Sei Du meine Zuflucht, oh Meister Shankara! (1)

---

[9] Hymne mit acht Strophen zum Lob des Gurus.

Ich würde gerne von einem Vorfall berichten: Es war der 10. Oktober 2006 gegen Mittag, wir waren gerade im Crystal Palace im Zentrum Londons.

Einige Tage zuvor war mein Laptop abgestürzt und hatte aufgehört zu funktionieren, so dass ich an diesem Morgen mit Dr. Vagees, einem Devotee aus London, einen neuen besorgen wollte. Dazu gingen wir in ein riesiges Einkaufszentrum. Es erstreckte sich soweit das Auge reichte. Man bekam dort wirklich alles. Wir begannen nach einem Laptop zu suchen. Gleichzeitig hielt ich noch nach etwas anderem Ausschau - einem Geschenk für Amma.

Der 10. Oktober 2006 war nämlich in diesem Jahr auch der heilige Tag von *Kartika*, Ammas Geburtsstern. (Der 27. September ist ihr Geburtstag nach dem gregorianischen Kalender.) Ich wollte Amma an diesem besonderen Tag etwas schenken.

Mein Blick wanderte auf der Suche nach einem passenden Geschenk hierhin und dorthin und fiel plötzlich auf eine Ansammlung von Halsketten. Eine von ihnen stach besonders hervor. Es handelte sich um ein orangefarbenes Kropfband, das aus ineinander verschlungenen Perlenketten bestand. „Ach, wenn ich das doch nur kaufen könnte", flüsterte mein Mind Aber wer wusste schon, wie teuer das am Ende noch war? Amma missbilligt es zutiefst, wenn man Devotees dazu bringt, irgendetwas für einen zu kaufen. Ich hatte den Computer komplett vergessen. Meine ganze Aufmerksamkeit war von der Kette gefesselt. Ich ging zu der Glasvitrine, in der sie ausgestellt war, und überprüfte diskret ihren Preis - £10 (etwa `800, US$20). Als Dr. Vagees mich dabei sah, fragte er: „Was ist los, Swamiji? Was siehst Du dir an?"

Ohne einen Moment zu zögern, teilte ich dem guten Arzt meinen Herzenswunsch mit. Als er erfuhr, dass ich die Kette Amma schenken wollte, überschlug er sich fast vor Freude. Wir kauften die Halskette, nur keinen Laptop. „Macht nichts", dachte ich. Wir mussten zurück zum Crystal Palace, bevor der Darshan endete. Wir kamen gegen 13:30 Uhr dort an und ich ging direkt zu Amma. Als ich die Kette herausnahm, schaute Amma mich an und fragte: „Was ist das?"

„Heute ist Kartika, Ammas Geburtstag!" Mit diesen Worten legte ich Amma die Kette um und verbeugte mich vor ihr. Als ich mich aufrichtete, gab mir Amma liebevoll ein Bonbon.

Sie bemerkte spontan: „Ich habe keinen ‚Geburtstag‘." Ihre Bemerkung waren nicht einfach nur ein paar beiläufige Worte. Allein Amma konnte wirklich die wahre Bedeutung und die innere Essenz dieser Worte verstehen, die sie gerade ausgesprochen hatte. Sie meinte, was sie sagte, wörtlich.

Amma betrachtete die Kette und fragte: „Wie viele Stränge hat sie?" Sie zählte sie und sagte: „Es sind 10." Während des Darshans nahm Amma die Kette ab und trennte die Stränge voneinander. Sie legte einen um ihren eigenen Hals und einen um meinen. „Einer für Amma und einer für meinen Sohn", sagte Amma mit einem bezaubernden Lächeln. Mein Herz platzte fast vor Freude und ich war durch und durch zufrieden.

Als ich neben Amma stand, sagte ich ihr beiläufig: „Ich werde am 23. April 50 Jahre alt. Das wird mein ‚*Amritavarsham50*‘ (Name der Feierlichkeiten zu Ammas 50. Geburtstag) sein." Als sie das hörte, drehte sich Amma um und sah mich direkt an. In ihren Augen sah ich einen riesigen Ozean von Liebe und Mitgefühl. Amma blickte mir sehr aufmerksam ins Gesicht und fragte: „Sohn, welchen Wunsch soll Amma dir erfüllen?"

Ich war fassungslos! Und sprachlos. Es war, als würde der höchste Guru, der bereit ist, dir absolut alles zu geben, fragen: „Sohn, was möchtest du? Ich gebe dir alles und jeden." Mein Mind verstummte vollkommen vor Erstaunen.

Bitte mich um *Bhakti* (Hingabe), *Mukti* (spirituelle Befreiung) oder *Bhukti* (materiellen Wohlstand), Amma wird es dir schenken. Das war die Bedeutung von Ammas Worten und ihrem Blick. In diesen Momenten konnte ich die unermessliche Gnade, die aus diesem mütterlichen Herzen strömte, förmlich mit den Händen greifen. Ammas Worte waren so voller Bedeutung, und sie hatten eine solche Kraft und Autorität.

Dr. Geetha Kumar, die dabei half, den Strom der Devotees zu lenken, die zum Darshan kamen, schlug laut vor: „Swamiji, bitte um Moksha!" Ihre Worte weckten mich aus meiner Träumerei. Ich sprach langsam und sagte: „Wenn ich Moksha erreiche, werden Amma und ich eins werden. Dann kann ich vielleicht nicht mehr als Kind bei Amma bleiben, mit Amma reisen, mit ihr singen oder in ihrem Schoß liegen. Deshalb will ich im

Moment kein Moksha. Stattdessen möchte ich, immer wenn Amma auf die Erde kommt und einen menschlichen Körper annimmt, Ammas Kind, Diener, Devotee, Schüler, wie ein Schatten sein, der Amma immer folgt; es genügt mir, wenn Amma mir diesen Wunsch für den Moment erfüllt."

Während ich mich freute, dieses aufrichtige Gebet zu Ammas heiligen Füßen darbringen zu können, kam mir der Rat von Sri Krishna aus der *Bhagavad Gita*, in den Sinn:

> *āścaryavatpaśyati kaścidēna-*
> *māścaryavadvadati tathaiva cānyaḥ*
> *āścaryavaccainamanyaḥ śṛṇōti*
> *śrutvāpyēnam vēda na caiva kaścit*

> Einige sehen die Seele als spektakulär,
> einige beschreiben sie als spektakulär,
> und einige hören von der Seele als
> spektakulär, während andere, selbst
> wenn sie dies hören, sie überhaupt nicht
> verstehen können. (2.29)

Lassen Sie mich an dieser Stelle auf ein paar Zweifel eingehen, die bei den Lesern aufkommen könnten. Es ist ganz natürlich zu denken: „Ein

Geschenk für Amma? Warum? Hatte Amma darum gebeten? Nein. Bestimmt nicht." Amma bittet nie um etwas. Sie ist die Herrscherin über das Universum, warum sollte sie sich etwas wünschen? Ihr gehört das gesamte Universum.

Swami Rama Tirtha ist einer der größten Heiligen Indiens. Er wurde 1873 geboren und verließ im jungen Alter von dreiunddreißig Jahren 1906 seinen Körper. Swami Rama nannte sich selbst *„Baadusha Rama"*, was „Kaiser Ram" bedeutet, obwohl er kaum etwas besaß. Er reiste nach Amerika und blieb eineinhalb Jahre in San Francisco. Auch dort nannte er sich „Emperor Rama" (König Rama). Die Leute fragten ihn immer: „Du bist kein König. Dir gehört kein Königreich. Und doch nennst du dich ‚König'." Seine Antwort lautete: „Deshalb bin ich der König. Ich bin nichts, also bin ich alles. Ich habe keine Wünsche; deshalb bin ich der König. Ein König, der voller Wünsche ist, ist nur ein Bettler mit unerfüllten Sehnsüchten. Ich bin immer zufrieden. Das ist es, was einen zum König macht - das ganze Universum gehört mir."

Es folgen seine Worte:

Ich bin entschlossen, meine Göttlichkeit, eure Göttlichkeit, in euren Schoß zu donnern und sie durch jede Tat und Bewegung zu verkünden. Ich bin König Rama, dessen Thron euer aller Herzen sind. Als ich in den Veden predigte, als ich in Kurukshetra, Jerusalem und Mekka lehrte, wurde ich missverstanden. Ich erhebe meine Stimme erneut. Meine Stimme ist eure Stimme: „Du bist das!" Du bist alles, was du siehst. Keine Macht kann das verhindern; keine Könige, Teufel oder Götter können dem etwas entgegensetzen. Unausweichbar ist der Befehl der Wahrheit. Mein Kopf ist dein Kopf, schneide ihn ab, wenn du willst, aber tausend andere werden an seiner Stelle wachsen. In deiner Brust schlagend, in deinen Augen sehend, in deinem Puls pochend, in den Blumen lächelnd, in den Blitzen lachend, in den Flüssen brausend und in den Bergen schweigend, das ist Rama.

Im 10. Kapitel der *Bhagavad Gita* sagt Sri Krishna zu Arjuna:

yad yad vibhūtimat sattvam
śrīmad ūrjitam eva vā
tat tad evāvagaccha tvam
mama tejōm'śa-sambhavam
Welches Wesen auch immer glorreich,
gut, wohlhabend oder mächtig ist,
verstehe, dass es von einem Bruchteil
Meines Glanzes hervorgeht. (41)

Im zehnten Kapitel der Gita zählt Sri Krishna viele großartige Dinge in der Schöpfung als Manifestationen seiner Herrlichkeit auf: Menschen, Weise, himmlische Wesen, die Mächtigsten, die Schönsten und Verführerischsten, alles Weltliche und auch alles Himmlische, Berühmtheiten in allen Lebensbereichen. Das bedeutet, dass sie alle Teil des Unendlichen sind.

Wenn selbstverwirklichte Menschen in der ersten Person sprechen, meinen sie nicht „ich" als Person, die durch den begrenzten Körper und Mind identifiziert wird, sondern die kosmische Kraft, das unendliche Bewusstsein, das nicht durch Raum und Zeit begrenzt ist. In diesem Sinne ist man, sobald man mit seinem Innersten verschmolzen ist, auch eins mit dem Universum.

Das ist der Grund, warum im *Sri Lalita Sahasranama* Devi als „*Sri Mata, Sri Maharajni, Srimat-Simhasaneswari*" beschrieben wird, die Mutter des Universums, die Herrscherin des Universums.

Alles, was wir sehen können, gehört zum riesigen Reich eines Satgurus, der eins mit allem ist. Einem selbstverwirklichten Meister etwas zu schenken, selbst wenn man das teuerste Geschenk wählt, ist so, als würde man Bill Gates einen Laptop schenken. Es gibt jedoch noch eine andere Seite der Angelegenheit. Das Leben des Schülers und alle seine Handlungen sind eine Opfergabe an den Guru. Mit gewöhnlichen Maßstäben kann man sich die Beziehung zwischen Guru und Schüler nicht vorstellen. Manchen mag sie als irrational und in vielerlei Hinsicht eigenwillig erscheinen. Es ist in der Tat keine gewöhnliche Verbindung. Sie ist der Gipfel der Liebe. Der Guru wird buchstäblich alles für den Schüler - Mutter, Vater, Verwandter, Guru und Gott, und der Schüler verhält sich wie ein Kind.

In manchen Momenten kann es sein, dass der Schüler, dessen Herz mit Hingabe, Liebe und Glauben erfüllt ist, den Guru verehrt. Er singt mit

Tränen in den Augen das Lob seines Gurus und tanzt ausgelassen. Zu anderen Zeiten dient er dem Guru demütig, wie ein loyaler Mitarbeiter seinem Chef. Dann gibt es Gelegenheiten, bei denen der Schüler dem Guru sein Herz ausschüttet, wie man es bei einem guten Freund tun würde. Und manchmal kommt es vor, dass der Schüler sich vor dem Guru wie ein kleines Kind verhält, einfach plappert und Wutanfälle bekommt.

Man beachte den Ausspruch von Hanuman, dem berühmten Devotee von Lord Rama:

dehabuddhyā tu dāso'smi
jīvabuddhyā tvadaṁśakaḥ
ātmabuddhyā tvamevāham
iti me niścitā matiḥ

Oh Herr, wenn ich mit dem Körper identifiziert bin, bin ich Dein Diener. Wenn ich mit dem Jiva identifiziert bin, bin ich ein Teil von Dir. Wenn ich mit dem ganzen Selbst identifiziert bin, bin ich in Wahrheit nichts als Du. Das ist mein fester Glaube.

Die Wahrheit hinter der Welt mit all ihrer Viel-falt ist eins, oder Einheit. Mit anderen Worten:

Vielfalt ist Ganzheit in ihrer manifestierten Form. Hat man diese Wahrheit erkannt, gibt es nichts, was nicht von Bewusstsein durchdrungen ist. „Ekam sat vipra bahudha vadanti" (Die Wahrheit ist eins; die Weisen kennen sie unter verschiedenen Namen); „sarvamidam aham ca brahmaiva" (Alles, mich eingeschlossen, ist nichts anderes als Brahman.) Auf dieser höchsten Bewusstseinsebene verschwinden jegliche Trennungen und alle Unterschiede. Man verschmilzt mit der gesamten Existenz. Die Erfahrung von Aham Brahmasmi („Ich bin Brahman") erwacht in einem.

Amma, in ihrer unendlichen Weisheit, führt mich bei jedem Schritt auf meinem Weg. Ich bin fest davon überzeugt, dass eine Zeit kommen wird, in der ich völlig mit der Unendlichkeit verschmelzen werde. In diesem Moment der Erkenntnis werden alle Vorlieben und Abneigungen verschwinden. So sei es. Dessen ungeachtet bete ich von ganzem Herzen: „O Amma, möge ich auch dann immer noch dein Kind bleiben. Mögest du für immer meine Mutter sein."

Während meiner gesamten spirituellen Reise hat Amma meine Hand immer ganz fest gehalten. Sie sagt: „Es ist sicherer, wenn die Mutter die

Hand des Kindes festhält. Wenn es andersherum wäre, könnte das Kind loslassen und weglaufen." Ich fühle mich immer noch wie ein Kleinkind auf dem Weg.

Wir sind für immer der Gnade des Universums ausgeliefert. Wir glauben immer, dass unsere Träume und Entscheidungen das Beste für uns sind. Aber vielleicht machen wir einen Fehler, wenn wir so denken. Wer weiß schon, was auf uns zukommt, was das Universum für uns bereithält? Damit unser Leben erfolgreich verläuft, brauchen wir die volle Unterstützung und das Wohlwollen der gesamten Existenz. Diese Existenz wird uns jedoch nur dann segnen, wenn wir im Einklang mit ihrem unveränderlichen Gesetz, Dharma, leben. Da wir unfähig sind, uns etwas ohne einen bestimmten Namen und eine bestimmte Form vorzustellen, können wir nur beten, meditieren und uns dem Satguru, der eins mit der Einheit ist, hingeben und um Gnade und Führung bitten. In der Gegenwart eines Satgurus, der Quelle unendlicher Macht und Mitgefühls, wird die Entfaltung unseres Selbst eine neue Dimension erreichen und eine Schönheit und einen Zauber jenseits aller Worte erlangen. Sie wird ganz natürlich und spontan.

Ich möchte eine schöne Geschichte und ein Gedicht in Erinnerung rufen:

Ein junger Mönch ging eines Tages mit einem älteren, erfahreneren Mönch im Garten spazieren. Er fühlte sich etwas unsicher darüber, was Gott wohl mit ihm vorhatte, und fragte den älteren Mönch, was er tun sollte. Der ältere Geistliche ging auf einen Rosenstrauch zu, reichte dem jungen Mönch eine Rosenknospe und forderte ihn auf, sie zu öffnen, ohne dabei die Blütenblätter zu zerreißen. Der junge Mönch sah den Älteren ungläubig an und wunderte sich, was eine Rosenknospe mit seiner Frage zu tun haben sollte.

Aber da er großen Respekt vor dem älteren Mönch hatte, versuchte er dessen Anweisung zu befolgen und die Rose mit seinen Fingern so aufzublättern, dass dabei jedes Blütenblatt unversehrt blieb. Es dauerte nicht lange, und er merkte, es ist vollkommen unmöglich. Der ältere Mönch bemerkte, wie der Jüngere es nicht schaffte, die Rosenknospe zu entfalten, ohne sie dabei zu zerstören, und begann, folgendes Gedicht zu rezitieren:

Die Entfaltung der Rosenknospe

Es ist nur eine winzige Rosenknospe,
Eine Blume nach Gottes Entwurf;
Aber ich kann die Blütenblätter nicht
entfalten mit diesen ungeschickten
Händen.

Das Geheimnis der sich entfaltender
Blumen
Ist unbekannt für solch einen wie mich.
Gott öffnet diese Blumen auf so liebliche
Weise,
Während sie in meinen Händen
verblassen und sterben.

Wenn ich nicht einmal eine Rosenknospe
entfalten kann,
Diese Blume nach Gottes Entwurf
Wie kann ich dann denken, ich hätte die
Weisheit, um mein Leben zu entfalten?

So vertraue ich auf Ihn, denn er lenkt
Jeden Moment eines jeden Tages.
Ich werde Gott um Führung bitten
Jeden Schritt auf diesem von Gnade
erfüllten Weg.

Der Weg, der vor mir liegt,
kennt wahrhaftig nur Gott.
Ich werde darauf vertrauen, dass er die
Momente entfaltet,
So wie Gott auch die Rose entfaltet.

Amma hilft uns allen, die Geheimnisse des Lebens zu entfalten, während wir unter ihrer göttlichen Führung voranschreiten. Das müssen wir ihr überlassen. Egal was kommt, ich möchte immer ein Kind vor Amma bleiben und mein Leben zu ihren heiligen Füßen, in ihrer göttlichen Gegenwart verbringen und ihr dienen. Obwohl Amma, die Mutter des Universums, vielleicht nichts braucht, wollte dieses Kind, dieser Diener, der sich danach sehnt, genau das zu tun, was sie ihm aufträgt, ihr zum ein Geburtstag ein Geschenk zu geben, auch wenn es vielleicht einfach und belanglos aussehen mag.

9 EIN KATALYSATOR OHNE GLEICHEN

Es gibt Skeptiker und Zyniker. Ein Skeptiker, dem solide Beweise vorgelegt werden, wird sich schließlich überzeugen lassen. Er hat die Möglichkeit, die Wahrheit zu akzeptieren, während ein Zyniker fast immer eine Haltung einnimmt, die er nicht mehr verändern wird. Der berühmte und schlagfertige Komiker Groucho Marx aus Amerika bemerkte einmal scherzhaft: „Was immer es ist, ich bin dagegen." Die meisten Zyniker bewegen sich auf diese Weise durch die Welt.

Ich erinnere mich an die Worte des bedeutenden Astrophysikers, Kosmologen und Astronomen Carl Sagan: „Eine der traurigsten Lehren der Geschichte ist die: Wenn wir lange genug getäuscht worden sind, neigen wir dazu, jeden Beweis für eine Täuschung abzulehnen. Wir sind nicht mehr daran interessiert, die Wahrheit herauszufinden. Die Täuschung hat uns eingefangen und hält uns fest. Es ist einfach zu schmerzhaft, sich einzugestehen –das man sich hat täuschen lassen, sogar uns selbst gegenüber."

Der Skeptizismus lässt sich in positiven und negativen Skeptizismus unterteilen. Es wäre sowohl für die Gesellschaft als auch für den Einzelnen von großem Nutzen, wenn Skepsis und Positivität (Offenheit) Hand in Hand gehen würden. Ich habe diesen Spruch gehört: „Große Skepsis führt zu großem Verständnis. Kleine Skepsis führt zu kleinem Verständnis. Keine Skepsis führt zu keinem Verständnis." Im Wesentlichen ist Skepsis wertvoll, wenn Skeptiker die Wahrheit akzeptieren und anerkennen, wenn sie ihr ins Gesicht blicken.

Normalerweise wird die Spiritualität als subjektive Wissenschaft betrachtet. Das gilt genauso für viele moderne wissenschaftliche Erfindungen. Die Wissenschaftler treffen auf Schwierigkeiten, einige der subtilen Prinzipien des Universums zu erklären. Daher stellen sie mathematische Gleichungen auf, weil die Konzepte mit Worten nicht ausgedrückt werden können.

Ich würde sagen, dass Amma Spiritualität zu etwas sowohl subjektiven als auch objektiven macht. Skeptiker und Zyniker mögen aus ihren eigenen Gründen und Überzeugungen heraus die höchste spirituelle Erfahrung leugnen, in der große Meister von Ammas Größe leben. Vergessen wir mal die subjektive spirituelle Erfahrung, über die man vielleicht streiten kann, aber kann ein vernünftiger Mensch, leugnen, wie Amma jeden einzelnen empfängt, der zu ihr kommt und wie sie dafür stundenlang und ohne Unterbrechung sitzen bleibt? Und das macht sie sieben Tage die Woche, 365 Tage im Jahr, unabhängig von Ort und Zeit. Ich muss hinzufügen, dass sie das immer mit offensichtlicher Zuneigung, Fröhlichkeit und ohne ein Wort der Beschwerde tut, wobei sie sich geduldig die Sorgen der Menschen anhört und sie alle gleichermaßen mit Liebe und Mitgefühl überschüttet. Das ist Ammas Leben in den letzten fünfundvierzig Jahren. Wenn die Leute also skeptisch fragen: „Was ist so toll an Amma?" kann ich nur sagen: „Kommen Sie bitte und sehen Sie zu, wie sie Darshan gibt." Wenn man auf der Suche nach der Realität ist, was der Zweck von echter Skepsis ist, wird man dabei vielleicht die Antwort auf seine Fragen finden.

Amma hat eine einzigartige Qualität, eine unendliche innere Fähigkeit, das Beste in den Menschen aufzudecken, zu stärken und hervorzubringen. Für sie sind nicht nur eine Handvoll Menschen, wie Samen, die zu einem Baum heranwachsen können, sondern jeder einzelne Mensch ein Versprechen an die Welt und jeder von ihnen kann einen Beitrag zur Gesellschaft leisten. Sie betrachtet die Welt und die Menschen frei von jeglicher Färbung eines selbstsüchtigen Egos. Daher baut Amma die Menschen ständig auf, sowohl materiell als auch spirituell. Unter ihrer Führung lernen die Menschen, sich selbst zu managen und auch mit den äußeren Umständen erfolgreich umzugehen.

Ich hatte das Glück, mehr als zweiunddreißig Jahre lang mit Amma durch die Welt zu reisen. Ich habe persönlich miterlebt, wie sehr sich die

Einstellung von Tausenden Menschen verändert hat, nachdem sie von Ammas Worten und Taten inspiriert waren. Es ist herzerwärmend zu sehen, wie kleine Kinder, die so sehr daran gewöhnt sind, nur an sich selbst zu denken, mit ihren Sparschweinen zu Amma kommen und ihr sagen, dass sie Kindern helfen möchten, die kein Geld haben. Aber es geht mir hierbei nicht nur um Geld- oder Sachspenden für die karitativen Einrichtungen. Tausende Menschen haben negative Gewohnheiten aufgegeben. Die kleinen Handlungen und Gesten der Freundlichkeit, die Amma in den Menschen weckt, haben enorm viel Kraft etwas zu ändern und beeinflussen das Leben so vieler Menschen.

Ich möchte einen Vorfall schildern, von dem mir Bri. Priya, die als Gastroenterologin in Ammas Krankenhaus (AIMS) in Kochi tätig ist, berichtete: Vor einigen Jahren wurde bei einem ihrer Patienten, einem Alkoholiker, Gallengangkrebs entdeckt. Er lebte vier Stunden südlich vom Krankenhaus und kam mit Gelbsucht und starkem Juckreiz am ganzen Körper in AIMS an. Da er Alkoholiker war und der größte Teil seiner Familie ihn verlassen hatte, lebte er allein und arbeitete als Fischer. Priya sagte, dass die meisten Menschen solchen Patienten gegenüber die Einstellung haben: „Tja, selbst schuld. Die waren Jahre lang Alkoholiker. Man hat sie gewarnt, dass Alkohol die Leber töten würde. Jetzt müssen sie die Konsequenzen ihres eigenen Handelns ertragen." Obwohl man vielleicht gerne Mitgefühl für diese Menschen empfinden möchte, zieht der Mind einen zu dem Gedanken herab: „Sie haben es sich selbst angetan, sie sind selbst daran schuld."

Als bei ihm der Krebs im fortgeschrittenen Stadium diagnostiziert wurde, reagierte er mit Wut. Er schrie die Krankenschwestern, Ärzte und im Grunde jeden an, der in seine Nähe kam. Er war einer dieser „unmöglichen" Patienten. Da es keine Heilung für seinen Krebs gab, schlug man ihm eine vorübergehende palliative Behandlung vor, um seine Gelbsucht und seinen Juckreiz zu lindern. Die Behandlung war teuer, und als einfacher Fischer konnte er sie sich nicht leisten, also behandelte das Krankenhaus ihn kostenlos. Der Patient fühlte sich nach dem Eingriff auch wirklich besser und konnte das Krankenhaus schon nach ein paar Tagen wieder verlassen. Dr. Priya bat ihn, nach einem Monat wiederzukommen, um zu überprüfen, ob ihm die vorübergehende Lösung noch half. Aber nach dem Monat kam er nicht zurück.

Priya sagte: „Ich bemerkte zufällig, dass der Patient nicht zur geplanten Untersuchung erschienen war und erwähnte dies gegenüber meinem Professor. Der sagte nur: ‚Er ist wahrscheinlich zu Hause, betrunken. Er wird schon kommen, wenn er Probleme hat. Sorge dich nicht um ihn. Er wird Sie eh nur anschreien, wenn Sie ihn jetzt trotzdem kontaktieren.‘"

Obwohl Priya dachte, dass der Professor bestimmt Recht hatte, kamen ihr Ammas Worte in den Sinn: „Verurteile nicht das Verhalten eines Menschen. Er hat vielleicht auf Arten und Weisen gelitten, die du nicht verstehen kannst. Mitgefühl sollte nie an Bedingungen geknüpft sein." Also beschloss Priya, den Patienten trotzdem anzurufen. Sie rief die in seiner Krankenhausakte eingetragene Nummer an. Jemand hob ab und sagte: „Hallo?" Als sie nach dem Patienten fragte, sagte die Person am anderen Ende: „Wir haben hier keinen Lieferdienst." Priya erzählte mir: „Ich war verwirrt. Ich fragte erneut nach dem Patienten, und der Mann am anderen Ende wurde ärgerlich und sagte: ‚Hier arbeitet kein Soman.'" Als sie ihn fragte, wo sie angerufen hatte, antwortete er: „Mallan's Chayakkada." Das war ein Teeladen am Straßenrand in der Nähe des Hauses des Patienten.

Schließlich gelang es Priya dann doch, den Patienten zu erreichen und ihn zu fragen, wie es ihm ginge. Es gab eine lange Pause, bevor er schließlich mit zittriger Stimme antwortete: „Haben Sie wirklich nach mir gerufen? In meinem ganzen Leben hat mich noch nie jemand angerufen. Wie kann es sein, dass Sie sich überhaupt an mich erinnern?" Er war völlig schockiert. Sie konnte ihn über das Telefon weinen hören. Er konnte es nicht fassen, dass sich jemand für ihn interessierte.

Ein paar Tage nach dem Anruf machte Priya gerade Visite im Krankenhaus, als sie einen verzweifelten Anruf aus der gastroenterologischen Ambulanz erhielt: „Dr. Priya! Bitte kommen Sie schnell! Hier ist jemand mit Fisch für Sie!" Sie dachte, jemand wolle ihr einen Streich spielen, also legte sie einfach wieder auf. Nach 10 Minuten wurde sie erneut angerufen: „Bitte kommen Sie sofort! Der Mann mit den Fischen sorgt für Aufruhr in der ganzen Abteilung!" Priya rannte mehr aus Neugierde als alles andere hinunter zur Ambulanz. Als sie dort ankam, stand ihr Patient in Flip-Flops mitten in der Abteilung, mit einem Eimer voller lebender Fische, die noch in dem Wasser schwammen. Sie war vollkommen erstaunt. Sie beschrieb mir, was weiter geschah: „Er rannte auf mich zu, drückte mir den Eimer in die Hand und sagte: ‚Ich kann immer noch nicht glauben, dass Sie so besorgt um mich waren, dass Sie mich angerufen haben! Ich musste Ihnen etwas zurückgeben. Das Beste, was ich bekommen konnte, sind diese frischen Fische. Ich habe sie selbst gefangen. Sehen Sie! Ich habe sie sogar im Wasser transportiert, damit Sie den frischesten Fisch bekommen, den es gibt. Bitte nehmen Sie ihn an.‘" Priya sagte: „Die Augen des Mannes füllten sich mit Tränen, als er sah, wie ich den Eimer hielt. Er hatte nicht einmal genug Geld für richtige Schuhe, aber er war vier Stunden gereist und hielt noch dazu zwischendurch an, um das Wasser zu wechseln, nur um mir ein Geschenk zu bringen! Ich esse nicht einmal Fische, aber ich habe sie trotzdem angenommen."

Denken Sie mal darüber nach, wie sich unser Handeln auf andere auswirkt.

Eine scheinbar so unbedeutende Sache wie ein Telefonanruf hat das Leben dieses Mannes verändert. Er starb zwei Monate später, aber der Besitzer des Teeladens rief Priya an, um ihr zu sagen, dass er bis zu seinem Todestag allen von seinem besonderen Telefonanruf erzählte.

Dies ist nur ein einziges Beispiel, aber die kleinen Handlungen des Mitgefühls, der Bescheidenheit, der Geduld, des Mutes und der Ausdauer, zu denen Amma Millionen Menschen inspiriert, sickern wissentlich oder unwissentlich zu weitere Millionen Menschen durch. Das ist die unbeschreiblich transformierende Macht eines wahren Meisters wie Amma.

Manche denken, dass die uralte spirituelle Wissenschaft lebensverneinend ist, aber in Wirklichkeit ist sie lebensbejahend. Die alten Heiligen und Weisen schätzten und begrüßten sowohl äußeren als auch inneren Reichtum gleichermaßen. Dies ist der Weg, dem Amma folgt, indem sie eine wunderschöne Mischung aus Wissenschaft und Spiritualität, Materie und Seele schafft. Für Amma sind die Welt und Gott nicht zwei, sondern Eins. Amma sagt: „So wie die Sonne nicht auf das Licht einer Kerze angewiesen ist, braucht

Gott nichts von uns. Gott gibt das Licht. Um uns herum leiden so viele Menschen. Lasst sie uns trösten. Lasst uns ihnen die Hilfe geben, die sie brauchen. Das ist wahre Liebe zu Gott. Das ist wahre Spiritualität."

In der Nähe von unserem Ashram in Chicago, Illinois, USA, gibt es eine Schule in einen bedürftigen Stadtteil. Die Familien der 900 Kinder, die diese Schule besuchen, leben an oder unter der Armutsgrenze. Für die meisten Kinder gibt es keine Busverbindung oder Schulbusse, so dass sie zu Fuß zur Schule gehen müssen, obwohl die Temperaturen im Winter bis auf 29 Grad unter null sinken können. Als die Schule sich an unseren Ashram wandte und um Hilfe bat, reagierte Amma auf eine einzigartige Weise.

Hier in Indien erholen sich die Frauen in Uttarakhand immer noch von den Folgen der Überschwemmungen von 2013. Viele von ihnen wurden während der Flut zu Witwen, und ihre einzige Einnahmequelle besteht daraus zu stricken, was ihnen von Ammas Freiwilligen im Rahmen des Katastrophenhilfeprogramms des Mata Amritanandamayi Maths beigebracht wurde. Bevor sie mit der Ausbildung in diesem

Handwerk begannen, waren Selbstmord und Depression unter den Überlebenden der Flutkatastrophe weit verbreitet. Jetzt strickten unter Ammas Anleitung über 60 Frauen Wollmützen, um die bedürftigen Kinder in Chicago warm zu halten. In dieser Geschichte gibt es keine Verlierer, sondern nur Gewinner. Die Kinder in Chicago bekamen warme Kleidung und eine Verbindung zu einer viel größeren Welt, als sie es sich vielleicht vorgestellt hatten. Die Frauen aus Uttarakhand erhielten eine finanzielle Entlohnung, waren stolz auf ihre Arbeit und hatten die Genugtuung zu wissen, dass sie mit ihren Bemühungen etwas für andere hilfsbedürftige Menschen tun konnten. Aber vielleicht waren die wahren Gewinner dieser Geschichte die freiwilligen Helfer, die von Amma dazu inspiriert wurden, einen Teil ihrer Zeit damit zu verbringen, anderen selbstlos zu helfen, während sie selbst sich veränderten und ihr Mind und ihr Herz durch die ganz besondere Freude, unter Ammas Führung jemandem zu dienen, gewachsen sind.

Unmittelbar nach dem katastrophalen Erdbeben der Stärke 7 in Haiti im Januar 2010 wurde ein Team von Amma-Devotees aus den

USA unter der Leitung von Br. Dayamrita nach Haiti geschickt, um die Situation einzuschätzen und festzustellen, wie Embracing the World am besten helfen könnte. Das Team kam am Tag nach dem Erdbeben mit einer privaten Fluggesellschaft an, die einzige Möglichkeit, auf die Insel zu fliegen, da kommerziellen Fluggesellschaften die Landung in Haiti zu dem Zeitpunkt untersagt war. Sie schlossen sich einem Krankenhausteam aus Florida an, das dorthin geflogen war, um Operationen durchzuführen. Die Haitianer waren desorientiert, litten unter großen Schmerzen und viele wussten noch nicht, was mit ihren Angehörigen geschehen war. So verbrachte das Team trotz der Sprachbarriere als erstes sehr viel Zeit damit, die Menschen zu trösten. Ohne Worte umarmten sie die Leute, setzten sich zu ihnen und weinten mit ihnen.

Natürlich leistete das Team auch noch andere Hilfe. Trotz des totalen Chaos im Land wurde irgendwie eine Quelle für Reis und Bohnen gefunden, diese wurden verpackt und an Menschen verteilt, die nichts zu essen hatten.

Hunderttausende starben bei dem Erdbeben. Für diejenigen, die überlebten, wurde das Leben zu einer enormen Herausforderung. Da die meisten Häuser in der Nähe des dicht besiedelten Epizentrums des Bebens nur noch Trümmerhaufen waren, waren die Menschen gezwungen, in die Parks im Zentrum der Hauptstadt Port-au-Prince zu ziehen. Unnötig zu erwähnen, dass es dort bei den bald einsetzenden Regenfällen keinen Schutz vor den Elementen geben würde. Embracing the World konnte die Lieferung einer Schiffsladung Planen von einem Unternehmen in Florida aushandeln, was für Tausende von obdachlosen Familien einen großen Unterschied machte.

Bei einem weiteren Besuch in Haiti nur wenige Wochen nach dem Erdbeben stellte das Team fest, dass viele Schulkinder (die nun Waisen waren) nicht in der Lage waren, das Schulgeld zu bezahlen. Es wurden dreißig Kinder identifiziert, die einen oder beide Elternteile bei dem Erdbeben verloren hatten, und Amma bot ihnen an, das Schulgeld für sie bis zu ihrem Abschluss an der Oberstufenschule oder am Gymnasium zu bezahlen, unabhängig von ihrem Alter oder ihrer jetzigen Klassenstufe, damit sie weiter zur Schule gehen konnten. Viele dieser Schüler schließen jetzt gerade die Oberstufe ab und freuen sich auf eine Karriere als Arzt oder Lehrer.

Der folgende Absatz soll Ammas Vorstellung von Bildung näher beleuchten: „Die Situation im Bildungswesen ist heute so, dass wir eine Schule als eine ‚spezielle‘ Schule definieren, die eine ‚wertebasierte Bildung‘ vermittelt. Dies impliziert, dass Werte nicht ein integraler Bestandteil von Bildung selbst sind. Der Begriff ‚wertebasierte Bildung‘ sollte jedoch eigentlich überflüssig sein, denn echte Bildung fördert eine Bildungsphilosophie, die auf geistiger, moralischer, sozialer und kultureller Entwicklung basiert und die Schüler in die Lage versetzt, ihren eigenen moralischen und ethischen Kompass zu entwickeln, der ihnen anzeigt, was richtig und was falsch ist. Leider sind Werte und Bildung in unserer heutigen Zeit voneinander getrennt. Der Faktor, der das Leben, den Einzelnen, die Gesellschaft und die Natur zusammenhält, fehlt im heutigen Bildungssystem. Dieses fehlende Element ist Spiritualität - spirituelle Werte.“

Die Schönheit des Lebens und die Erfahrung von Glück hängen nicht davon ab, dass man die Menge der Besitztümer erhöht. Wichtiger sind die Eigenschaften, die man sich aneignet. Ob man nun das Familienoberhaupt, der Chef einer Organisation oder der höchste Politiker eines Landes ist, wenn man eine fürsorgliche Einstellung, Bescheidenheit in seiner Vorgehensweise und den Willen dazu hat, seine eigenen persönlichen Interessen und Bequemlichkeiten zum Wohle anderer zu opfern, dann wird man sich an diese Person erinnern, sie verehren und als jemanden lieben, den man wirklich nicht ersetzen kann. Der Name und die Taten eines solchen Menschen werden der Menschheit immer als richtungsweisende Inspirationsquelle dienen.

Ammas Spiritualität ist nicht losgelöst von der Welt - sie umarmt wahrhaftig die ganze Welt. Für Amma ist Spiritualität nicht vom Leben getrennt. Sie ist ein fester Bestandteil des täglichen Lebens. Für sie ist das Leben sowohl logisch als auch geheimnisvoll, vielleicht sogar geheimnisvoller als logisch. Amma erschafft eine wunderschöne Mischung aus diesen beiden Aspekten des Lebens. Als perfekter Katalysator, der seinesgleichen sucht, verwandelt Amma jedes Leben, das sie berührt.

10 DIE UNWIDERSTEHLICHE KRAFT DER SELBSTLOSIGKEIT

„Atheismus ist unmöglich", zu diesem Schluss kommt eine kürzlich durchgeführte Studie. Die Forscher sagen, dass selbst Atheisten, die verkünden: „Es gibt keinen Gott!", an eine majestätische Macht ohne Anfang und Ende glauben. Allerdings verbergen selbsternannte Atheisten ihren Glauben meisterhaft.

Einige Wissenschaftler behaupten: „Der Mensch ist von Geburt an gläubig, nicht atheistisch. Der Glaube an Gott ist ein fester Bestandteil der genetischen Struktur und der Natur des Menschen. Er kann nicht beseitigt werden. Daher ist Atheismus psychologisch unmöglich."

Sowohl in der Antike als auch in der heutigen Zeit glaubt die Mehrheit der Wissenschaftler an eine höhere Macht. Diejenigen, die beweisen möchten, dass es eine solche Macht nicht gibt, halten sich unter Umständen für gelehrter und erfahrener als Menschen, welche die Existenz einer solchen Macht durch ihre direkte Erfahrung bewiesen haben. Wie kann der Mensch angesichts seines begrenzten Intellekts, der sich nur innerhalb der Grenzen von Raum und Zeit bewegen kann, die Abwesenheit einer Macht beweisen, die über diese Grenzen hinausgeht?

Die Wissenschaftler versuchen, das Universum in die Grenzen der Raumzeit zu zwängen und schränken es mit ihren „wissenschaftlichen" Gesetzen ein. Wir sollten uns aber auch an die Wurmlochtheorie erinnern, die von einem der bedeutendsten Physiker der Wissenschaftsgeschichte, Albert Einstein, aufgestellt wurde. Die Wurmlochtheorie besagt, dass eine theoretische Öffnung in der Raumzeit Abkürzungen für lange Reisen durch das Universum schaffen könnte.

Nach dieser Theorie krümmt sich die Raumzeit unter dem Einfluss von Feldern (z. B. einem Gravitationsfeld). Um also von einem Punkt im Raum-Zeit-Kontinuum schneller zu einem anderen Punkt zu gelangen, muss man nur die Raumzeit krümmen! Diese Theorie wird in der Wissenschaft heute noch diskutiert.

Ich habe eine interessante Geschichte zu erzählen. Sie ereignete sich 1987, als wir uns auf unserer ersten Reise durch die Vereinigten Staaten befanden, um Ammas ersten Besuch dort vorzubereiten. Wir reisten zwei Wochen lang durch Amerika, und ich vermisste Amma schrecklich. Zum Zeitpunkt der Geschichte waren wir gerade in Mt. Shasta in Kalifornien. Ich sehnte mich unendlich danach, Ammas Stimme zu hören. Damals war es sehr schwierig, eine Verbindung für ein Auslandsgespräch in ein abgelegenes Dorf in Indien aufzubauen. Im Ashram gab es zu der Zeit nur einen Festnetzanschluss. Ich versuchte, über eine US-Vermittlungsstelle einen Anruf nach Paryakadavu/Vallikkavu, Distrikt Quilon, Kerala, zu tätigen, da das Telefon, das ich benutzte, keine Direktwahlmöglichkeit hatte. Der Telefonist, der mich verbinden sollte, hatte keine Ahnung, wo Vallikkavu oder Quilon lag. Er willigte jedoch ein, es trotzdem zu versuchen. Ich wartete voller Vorfreude bis nach Mitternacht. Als keine Verbindung zustande kam, ging ich schließlich schweren Herzens zu Bett.

Ich weiß weder, wie spät es war, noch weiß ich, ob ich wach war, schlief oder träumte, aber plötzlich wurde das Tipi, in dem wir wohnten, von einem angenehmen und beruhigenden hellen Licht erfüllt. Ich konnte einen überirdischen Duft wahrnehmen. Während ich voller Ehrfurcht zusah, betrat Amma lächelnd das Tipi. Sie trat an mein Bett und sagte liebevoll zu mir: „Mein Sohn, sei nicht traurig; Amma ist bei dir." Sie wiederholte diese Botschaft noch zwei weitere Male und war verschwunden, völlig verschwunden.

Dann, fast sofort danach, klingelte das Telefon. Hatte mich das Klingeln aufgeweckt, oder war ich schon wach gewesen? Ich bin mir nicht sicher. Als ich den Hörer abnahm, war der Telefonist dran. Er sagte: „Ich verbinde Ihr Auslandsgespräch mit Quilon". Nach wenigen Momenten hörte ich Ammas Stimme am anderen Ende. Sie sagte: „Mein Sohn, sei nicht traurig, Amma ist bei dir." Sie wiederholte diesen Refrain noch zwei weitere

Male, genau wie in meiner Vision. Und dann, bevor ich etwas sagen konnte, wurde die Leitung unterbrochen.

Was genau in mir in diesem Moment vorging? Das ist schwer zu beschreiben. Aber es war sehr intensiv. Mein Mind befand sich in einem ruhigen und stillen Zustand, gleichzeitig rannen mir Tränen einer unbekannten Freude über die Wangen. Diese Glückseligkeit verließ mich für den Rest der Nacht und noch für Wochen danach nicht mehr.

Man kann das Erlebnis als Einbildung interpretieren, als die Erfüllung eines Wunsches, der in meinem Unterbewusstsein wirkte, vielleicht auch nur als Traum. Oder man kann argumentieren, was ich erlebte „lediglich elektrische Gehirnimpulse waren, die zufällige Gedanken und Bilder aus meinen Erinnerungen abspielten", die nichts Besonderes bedeuten. Oder man kann es als das Spiel von Protonen, Neutronen und Elektronen erklären. Aber was auch immer es war, ein Traum ist ein Traum, ohne wirkliche Substanz. Doch das entsprach nicht meiner Erfahrung. Was ich erlebte, war voller Kraft und alles war mit meinen sechs Sinnen wahrnehmbar. Deshalb ziehe ich es vor, an Ammas göttliche Macht zu glauben, Raum und Zeit zu krümmen, anstatt die Erfahrung von einem wissenschaftlichen und logischen Standpunkt aus zu analysieren. Dieser Glaube gibt mir eine enorme Inspiration. Für jemanden, der in der Lage ist, die Elemente zu kontrollieren, war das kein unmögliches Kunststück. Das ist es doch, was Einsteins „Wurmloch"-Theorie der Welt verkündet hat, oder?

Auch Albert Einstein beschrieb unsere begrenzte Perspektive, aus der wir Zeit und Raum betrachten: „Der Mensch ist ein Teil des Ganzen, das wir als ‚Universum' bezeichnen, ein durch Zeit und Raum begrenzter Teil. Er erlebt sich selbst, seine Gedanken und Gefühle als etwas vom Rest Getrenntes - eine optische Täuschung seines Bewusstseins. Das Streben, sich von dieser Täuschung zu befreien, ist das eine zentrale Thema aller wahren Religionen. Die Täuschung nicht weiter zu füttern, sondern zu versuchen, sie zu überwinden, ist der Weg, um einen gewissen innerem Frieden zu erlangen."

Man kann darüber streiten, ob Einstein ein Gläubiger oder ein Atheist war, aber er betrachtete die dem Universum innewohnende Ordnung und seine unergründliche Natur stets mit Staunen und Ehrfurcht.

In den vierzig Jahren, die ich mit Amma verbracht habe, gab es eine endlose Reihe wundersamer Erfahrungen, von denen viele jenseits von Worten liegen. Ich möchte eine davon teilen:

Vor Jahren unterhielt ich mich mit einigen Devotees in Amritapuri, als sich plötzlich ein Mann zu der Gruppe gesellte, den ich vorher noch nie gesehen hatte. Er schien dem Gespräch zuzuhören. Mitten im Gespräch stellte er mir plötzlich diese Frage: „Was ist so toll an deinem Guru, Amma?"

Er klang weder wie ein Devotee noch war sein Tonfall besonders freundlich. Mit gefalteten Zeitschriften und einem Tagebuch unter dem Arm wirkte der Mann in seinem Gesichtsausdruck und seiner Haltung eher wie ein Kommissar beim Verhör.

Als er mich so mit dieser Frage aus heiterem Himmel überraschte, dachte ich mir: „Ich finde zuerst einmal heraus, wer er ist, bevor ich ihm seine Frage beantworte".

„Woher kommen Sie? Wie heißen Sie?" fragte ich.

„Müssen Sie erst meinen Wohnort kennen, bevor Sie auf meine Fragen antworten?"

Der Amritapuri-Ashram ist für jeden offen. Obwohl die überwiegende Mehrheit dort Devotees von Amma sind, kann man auch Menschen anderer Religionen und sogar Nicht-Gläubige auf dem Ashram-Gelände antreffen. Normalerweise respektieren die Besucher die Atmosphäre, die grundlegende Etikette und die Ashram-Regeln. Daher war das Verhalten dieses Mannes eher ungewöhnlich und unerwartet.

Das hätte leicht zu einer unangenehmen Begegnung werden können. Ich befahl meinem Mind, „still zu sein" und erinnerte mich an das traditionelle indische Diktum: *„Athithi Devo Bhava*, der Gast ist Gott." Ich sollte den Mann also entsprechend behandeln. Auf alle Fälle bewunderte ich im Stillen seinen Wagemut, denn die ganze Begegnung fand vor der Hauptgebetshalle von Amritapuri statt, die zu diesem Zeitpunkt vor Devotees aus allen Nähten platzte.

Eine Zeit lang sprach keiner von uns beiden. Dann sagte mein Gast: „Mein Name ist ... Ich komme aus ... Ich bin hierhergekommen, um etwas herauszufinden."

„Was genau möchten Sie herausfinden?"

„Ich will wissen, ob Gott hier ist." Die Verachtung und der Hohn in seinen Worten und seinem Ton waren unüberhörbar.

Ich antwortete: „Gott ist überall, nicht nur hier. In Wahrheit glaube ich, dass es nichts gibt, was nicht göttlich ist, weder hier noch dort noch irgendwo."

„Ist das nicht einfach nur ein irrationaler Glaube?"

„Vielleicht. Was ist Ihre rationale Meinung?" fragte ich.

„Dass es keinen Gott gibt. Eine solche Macht gibt es nicht. Ich glaube an die Wissenschaft, nicht an Aberglauben."

„Aber ist das nicht auch ein Glaube, weil Sie sagen: ‚Ich glaube an die Wissenschaft'? Wo ist die Logik darin, einfach zu behaupten: ‚Es gibt keine höhere Macht?' Allerdings würde ich sagen, dass unser Denken etwas gemeinsam hat: Wir sind beide gläubig, nicht wahr?"

„Das kann schon sein, dass wir beide das sind. Aber es gibt einen großen Unterschied zwischen Ihnen und mir", betonte der Mann.

„Trotzdem ist es eine Tatsache, dass es keine Existenz ohne Glauben gibt. Man muss doch an etwas glauben, oder?"

„Das spielt keine Rolle. Die Tatsache, dass Sie an Gott glauben und ich ein bekennender Atheist bin, macht doch einen großen Unterschied zwischen uns."

„Aber wir sind beide Menschen. Und das Menschsein ist uns gemein." Ich fuhr fort: „Freund, darf ich Sie etwas fragen? Nach meinem Verständnis ist ‚Atheismus' weder ein Mangel an Glauben noch eine Leugnung von Gott. Es ist eine Sichtweise hinsichtlich der Existenz einer Gottheit, die unsere geistigen Fähigkeiten übersteigt, oder, mit anderen Worten, einer höchsten Macht. Sie sagten jedoch als Erstes: ‚Ich möchte wissen, ob Gott hier ist.' Bedeutet das nicht, dass Sie die Existenz Gottes nicht völlig widerlegen können? Wenn jemand weiß, dass es keinen Gott gibt, warum sollte er dann im Namen einer Untersuchung zu eben diesem Thema hierher kommen?"

Ich weiß nicht, ob ich mit meiner Antwort gerade einen wunden Punkt getroffen hatte, aber der Mann wurde plötzlich wütend. „Wollen Sie mir sagen, dass ich gehen soll?"

„Verzeihen Sie mir. Das war nicht meine Absicht. Wenn Sie das so empfinden, möchte ich mich dafür entschuldigen. Ich habe lediglich einen Zweifel am Thema unseres Gesprächs geäußert."

Aber meine Worte hatten ihn sehr aufgebracht. „Ist es das, worauf deine religiösen Überzeugungen und dein Glaube an Gott hinauslaufen? Ist es das, was Amma dich gelehrt hat? Dich so zu verhalten?"

Ich antwortete: „Amma lehrt uns, menschlich zu werden. Es tut mir sehr leid, dass meine Worte Sie so verletzt haben."

Ich versuchte wirklich, ihn wieder zu beruhigen. Ich entschuldigte mich immer wieder. Doch seine Wut ließ nicht nach. Ich verstand einfach nicht, warum er so wütend war. Dann trennten wir uns abrupt.

Die nächste Episode dieses Vorfalls ereignete sich in Calicut im Innenhof des Brahmasthanam-Tempels.

An jenem Tag, waren so viele Menschen da, dass man kaum einen Millimeter Platz zum Stehen hatte. Amma begegnete jedem ihrer Kinder einzeln. Sie floss förmlich über vor Mitgefühl, sah jeden an und schenkte allen gleichermaßen vom Nektar ihres Mitgefühls. Ich stand etwas entfernt auf einer Seite der Bühne und beobachtete einen „Darshan", den nur Amma auf diese einzigartige Weise geben kann.

Die Herzen strömten ihr entgegen. Einige Devotees vergossen Tränen der Freude im Rausch reiner Hingabe. Andere wurden ganz still, versunken in einem meditativen Zustand. Einige hatten sich in höchster Verzückung verloren. Bei wieder anderen waren die Dämme ihres Kummers gebrochen und sie ließen einer Flut von Tränen freien Lauf. Amma zog alles und jeden in ihre mütterliche Umarmung. Ihre universelle Mutterschaft erinnert an den unendlichen Ozean der höchsten Liebe.

Während ich dabei war, all dies zu beobachten, entdeckte ich einen Mann, der Amma seinen Respekt zollte, indem er ihre Füße berührte. Mit äußerster Hingabe lehnte er sich an Ammas Schulter. Dann hob er seinen Kopf, sagte etwas zu ihr, verneigte sich noch einmal, streckte ihr dann beide Hände entgegen, um Ammas Prasad zu empfangen, und verschwand in der Menschenmenge. Da ich Ammas Darshan aufmerksam verfolgt hatte, erkannte ich ihn sofort; er war der „Atheist", den ich in Amritapuri gesehen hatte!

Ich lief schnell zu den Überwachungsmonitoren. Aus Neugier und um mich zu vergewissern, sah ich mir die Kameraaufzeichnung an. Ich hatte sein Gesicht in all der Zeit nicht vergessen. Und tatsächlich, es war derselbe Mann.

Aber etwas anderes machte mich noch stutziger: Hatte er ein verborgenes Motiv, hierher zu kommen und Amma zu sehen? Er war nicht naiv genug, zu glauben, dass ihn niemand in der Menge entdecken oder erkennen würde. Er konnte sich denken, dass ich hier sein würde. Was war also zwischen unserem Treffen in Amritapuri und heute geschehen? Ich brannte darauf, das herauszufinden. Aber wen konnte ich schon fragen?

Es vergingen ungefähr eineinhalb bis zwei Stunden. Der Darshan war noch im vollen Gange, da klopfte jemand an meine Tür. Ich öffnete und sah einen der Freiwilligen dort stehen. „Swamiji, hier ist jemand, der Sie gerne sehen möchte." Doch noch bevor er den Satz vollständig beenden konnte, stand der Besucher auch schon vor mir - mein ureigener Atheist! Es war mir unmöglich mein Erstaunen zu verbergen. Ein breites Lächeln erhellte sein Gesicht, wahrscheinlich ausgelöst durch meinen Gesichtsausdruck. Ich bemerkte, dass er sich verändert hatte.

„Wie geht es Ihnen? Was führt Sie hierher?" fragte ich ihn.

„Ich bin hier, um Amma zu sehen."

Während ich noch am Überlegen war, wie ich das Gespräch beginne und was ich fragen sollte, begann er erneut zu sprechen. „Ich bin mir sicher, Sie erinnern sich an unsere Begegnung in Amritapuri und an die Umstände, unter denen wir uns damals getrennt haben. Bevor ich an dem Tag abreiste, verbrachte ich noch Zeit dort. Während ich durch den Ashram lief, kam plötzlich ein Mann auf mich zu und fragte: ‚Bist du zum erstes Mal hier, um Amma zu treffen? Dann kannst du sofort zum Darshan gehen!'

Ich beschloss, dass dies die Gelegenheit war, die ‚Universelle Mutter' persönlich zu treffen und sie zu befragen. Ich begleitete den Mann zu Amma. Es waren noch andere Menschen vor mir in der Schlange, die auch darauf warteten, ihren Darshan zu bekommen. Aber schließlich stand ich direkt vor Amma. Sie umarmte mich jedoch nicht, wie sie es normalerweise bei jedem anderen macht.

Bevor ich meinen Mund öffnen konnte, um ihr die Fragen zu stellen, die ich vorbereitet hatte, lachte Amma und sagte: ,Mein Sohn, ob es Gott gibt oder nicht, mag fraglich sein. Aber niemand kann leugnen, dass es Menschen auf der Welt gibt, die leiden, nicht wahr? Ihnen zu dienen und sie zu lieben - das ist die eigentliche Bedeutung von Gott. Amma ist immer bereit, demjenigen der selbstlos dient die Füße zu waschen, und dieses heilige Wasser mit Freuden zu trinken, ganz gleich, wer es ist. Dem mit heiligen Zeichen versehenen Devotees zieht Amma denjenigen vor, der kein solches Zeichen trägt, dafür aber anderen selbstlos liebt.'"

Der Mann erzählte weiter: „Ich fühlte mich, als ob ein Blitz in meinem Inneren eingeschlagen hatte. Ich war sprachlos. Nichts funktionierte mehr - weder meine Zunge, noch meine Fähigkeit zu sprechen, noch mein Mind. Trotzdem schaute Amma mich immer noch an und lächelte. So vergingen einige Augenblicke. Langsam stand ich auf und ging.

Ich lief bis zum Parkplatz. Er war menschenleer. Als ich unter dem weiten Himmel stand, hatte ich das Gefühl, dass eine angenehme Brise sowohl in mir als auch um mich herum wehte. Es war, als hätte jemand eine Tür aufgestoßen, die jahrelang verschlossen war.

Ich besuchte den Ashram noch ein weiteres Mal, um Amma alles zu beichten und sie um Vergebung zu bitten. Auch Sie, Swamiji, wollte ich sehen. Leider ging das nicht, weil Sie nicht da waren. Ich halte mich immer noch nicht für einen Devotee. Aber Ammas Worte und ihre Gegenwart haben es geschafft, eine Transformation in mir zu bewirken. Ihre Worte und Gegenwart herrschen als eine unvergleichliche, unvergessliche und unwiderstehliche Kraft in mir, die ich nicht beiseiteschieben oder vergessen kann."

Mit einem langen Seufzer beendete er seine Geschichte, und dann ergriff mein Freund emotional meine Hände und drückte sie fest an seine Brust. „Ich behaupte nicht, ein Devotee zu sein, und ich denke auch nicht, dass ich an Wunder glaube. Aber ich bin der Meinung, dass es irrational wäre, wenn ich eine Person wie Amma nicht akzeptiere. Ich müsste schon sehr dumm sein, um zu leugnen, was für eine einzigartige Person sie ist. Ich wäre unehrlich gegenüber meinem Gewissen, wenn ich diesen großen und großzügigen

Menschen nicht anerkennen würde; sie schenkt reine Liebe, ist eine Zuhörerin par excellence und sie tut all dies direkt vor meinen Augen." Und er ging wieder.

Während ich nachsah und beobachtete, wie er langsam in der Ferne verschwand, hallten seine aufrichtigen Worte noch in mir nach.

Ammas Leben und ihre Präsenz erinnern an die Tiefe und Weite eines Ozeans, der alle Flüsse gleich empfängt und allen die gleiche Bedeutung beimisst.

Das „Herz" ist der Mittelpunkt des menschlichen Körpers. Man könnte es auch „Gewissen" nennen. Der Mind ist verunreinigt und Sitz unzähliger Emotionen und Gedanken. Das Herz oder das Gewissen hingegen ist die Grundlage für das alles.

Die moderne Medizin sieht das Herz lediglich als ein Organ, das Blut in die verschiedenen Teile des Körpers pumpt. In den heiligen Schriften hingegen wird es als Sitz der Seele betrachtet. Das Herz ist ein Symbol der Sehnsucht danach, die in uns schlummernde höchste Macht zu erkennen, Gott als ständiges meditatives Handeln zu verwirklichen und diese Weisheit in uns aufzunehmen. Das Herz steht für die Liebe und Sehnsucht der individuellen Seele, sich dem höchsten Wesen hinzugeben und mit ihm zu verschmelzen. Dies sind die verschiedenen Bedeutungen, die das Wort „Herz" in einem spirituellen Kontext hat.

Es gibt zum Beispiel Momente in meinem Leben, in denen sich mein ganzes Wesen öffnet. Das passiert besonders, wenn ich Bhajans für Amma singe. Manchmal ist mir, als würde mein Herz explodieren. Es ist eine spirituell erhöhende Erfahrung. Mein Herz fließt über vor Liebe. Es ist ein göttlicher Rausch. Keine Worte können dieses Gefühl wirklich beschreiben. Diese Erfahrung kann jedem widerfahren, der Arbeit als Dienst an Gott betrachtet. Wenn man solche Momente unerklärlicher Freude genau beobachten, wird man die Quelle auf der linken Seite der Brust finden, wo sich das physische Organ namens Herz befindet.

Warum ist Amma die Mutter des Universums? Weil wir in ihrer Gegenwart die Fülle des Herzens erfahren, das eigentliche Zentrum des Universums. Die subjektive Erfahrung Gottes und seiner göttlichen Qualitäten, wie Liebe,

Reinheit, Frieden, Mitgefühl, Glückseligkeit und eine urteilsfreie Sicht auf alles, drückt sich als Realität aus. Ammas physische Präsenz und ihre Handlungen sind der Beweis dafür, dass *Moksha*, der höchste Zustand der menschlichen Existenz, wie er in den Veden und Upanishaden beschrieben wird, kein Mythos, sondern eine wahre Erfahrung ist. Amma und ihre göttlichen Qualitäten erwecken das kraftvolle Konzept von „*Jagadamba*" (Mutter des Universums), wie es im Glauben von Sanatana-Dharma beschrieben wird, zum Leben.

Deshalb ist Amma die Mutter von allem. Ihre allumfassende göttliche Mutterschaft ist in der Tat die Macht hinter Ammas unwiderstehlicher Anziehungskraft.

11 IMMER IN SAHAJA SAMADHI WEILEND

Gibt es jemanden auf dieser Welt, der nicht meditiert? Wenn man auf diese Frage mit „nein" antwortet, klingt das vielleicht weit hergeholt, aber es ist die Wahrheit.

Sind wir hungrig, meditieren wir über Essen. Sind wir müde, beschäftigt uns kein anderer Gedanke als Schlaf; wir vergessen Zeit und Ort und meditieren nur noch über die Göttin des Schlafes und rufen sie herbei! Überflüssig, die Konzentration eines Diebes zu erwähnen, der unterwegs ist, um etwas zu stehlen. Oder ein Baby, das

über die Milch seiner Mutter meditiert. Auch die Konzentration eines Raubtiers, das sich an seine Beute heranpirscht, ist eine Form der Meditation! Weithin bekannt ist auch die „Meditation" des Storchs, der vollkommen regungslos verharrt, um Fische zu fangen, die im seichten Wasser schwimmen. Ähnlich meditieren auch Pflanzen und Bäume, auch wenn wir uns dessen eher nicht bewusst sind.

Meditation ist ein natürlicher Bestandteil unseres Wesens, unseres inneren Selbst.

Die Essenz der Meditation und der Stoff aus dem sie ist, ist die Liebe. Wenn wir über Dinge, Menschen und Orte nachdenken, die wir mögen, wird unser Mind dann nicht eins mit ihnen? Meditation ist der ununterbrochene Strom von Gedanken, der sich auf ein Objekt konzentriert. Wenn jedoch das Gefühl der Liebe mit ins Spiel kommt, verwandelt sich Meditation in spirituelle Ekstase und erreicht damit eine andere Dimension.

Was geschieht wenn der Liebende allein ist und in süßen Erinnerungen an eine wunderbare Liebe schwelgt? Seine Stimmung und seine Phantasie werden immer intensiver. Seine Augen schließen sich ohne Anstrengung ganz von selbst. Er vergisst alles andere, wenn auch nur für ein paar Augenblicke, und erreicht einen Zustand der Versenkung. Auch wenn er nicht in die Tiefen der Meditation vordringt, ist es nichtsdestoweniger eine meditative Erfahrung.

Wenn die meisten Menschen von „Liebe" sprechen, meinen sie damit lediglich eine rein körperliche und emotionale Erfahrung. In Wirklichkeit ist es keine Liebe, sondern nur Lust. Und doch kann man nicht kategorisch sagen: „Das ist keine Liebe!" In Ammas Worten: „Es ist die unterste Stufe der Liebe, wie die unterste Sprosse einer Leiter. Anstatt dort zu bleiben, sollte man sie nutzen, um sich nach oben zu bewegen. Wenn wir das tun, verwandelt sich diese Liebe allmählich in Meditation."

Die sechs Zentren des Körpers - vom *Mulad-hara-* bis zum *Ajna-Chakra*[10] -, die im *Kundalini Yoga* beschrieben werden, sind keine mit dem

---

[10] Chakra = Rad; bezieht sich auf die Nervengeflechte oder feinstofflichen Zentren des Bewusstseins; es gibt insgesamt sieben Chakren, die sich entlang der Wirbelsäule von der Basis bis zur Schädelkammer befinden. Das Muladhara-Chakra befindet sich an der Basis der Wirbelsäule, das Ajna-Chakra zwischen den Augenbrauen und

Auge wahrnehmbaren Körperteile. Sie sind symbolische Darstellungen der ruhenden spirituellen Kraft. Sie sind eine sehr subtile Wissenschaft und eine innere Erfahrung.

Niemand wird in Frage stellen, dass die Energie der Liebe existiert. Sie ist die reinste Form von Energie, die ein normaler Mensch erleben kann. Ihr Potenzial hängt jedoch von ihrer Reinheit ab. Je reiner die Liebe ist, desto größer sind auch ihre Fähigkeiten.

Die Liebe, die man auf der Ebene des Körpers und der Emotionen empfindet, wohnt im *Muladhara* (dem untersten der sechs Chakren). Normalerweise gibt es zwei Möglichkeiten für die Liebe auf dieser Ebene. Sie kann bis zur höchsten Ebene der Existenz aufsteigen; oder sie kann, wie es bei den meisten Menschen der Fall ist, auf der untersten Ebene bleiben, dem Kreis der niederen Emotionen, die von Körper und Mind erzeugt werden.

Der Lotos nimmt in der hinduistischen Ikonographie eine bedeutende Stellung ein. Er ist ein immergrünes und bezauberndes Symbol

---

das Sahasrara-Chakra, das man sich als tausendblättrigen Lotos vorstellen kann, oben auf dem Kopf.

für Fülle, Schönheit, spirituellen Erfolg und die Ewigkeit. Jeder würde beim Anblick dieser Blume innehalten. Sie strahlt eine makellose Schönheit aus, obwohl sie aus dem Morast wächst.

Die ätherische Schönheit des Lotos ist eine Metapher für die spirituelle Entwicklung der Liebe, die im Muladhara-Chakra noch durch Sinnlichkeit verstrickt ist. Der rosafarbene Lotos, der -mit seinen Wurzeln im Schlamm- in Reinheit erblüht, ist ein Sinnbild für die spirituelle Reise und den Fortschritt des Suchenden vom Muladhara zum tausendblättrigen Lotos des *Sahasrara* (dem höchsten Punkt der spirituellen Existenz).

Das Muladhara bezeichnet das eine Extrem des Lebens. Wenn die darin vorhandene Liebe durch *Tapas* geläutert und transformiert wird, steigt sie zu dem anderen Extrem, dem tausendblättrigen Sahasrara, auf. So verwandelt sich die Lust, die niedrigste Form der Energie, in die höchste, mächtigste und reinste Form der Energie, in die bedingungslose Liebe. Es ist dieses Erblühen, das man im Lotos sieht.

Da das ultimative spirituelle Erwachen etwas ist, was sich weder der Mind noch der Intellekt vorstellen können, verwendeten die alten Rishis das Symbol des blühenden Lotos, der aus dem Schlamm aufsteigt und sich vom Schmutz zur Schönheit, von der Niedrigkeit zur Erhabenheit erhebt. Es ist eine subjektive Erfahrung. Die vielleicht beste Metapher, die den Weisen einfiel, war das Öffnen einer Knospe zu einer voll erblühten Blüte. Das Wort ‚*Sahasra*‘ bedeutet in den Schriften „Unendlichkeit“. Der *Sahasra-Dala-Padma* (der tausendblättrige Lotos) bedeutet also die Erfahrung des unendlichen Brahman, des Einsseins mit der Einheit, und damit die Rückkehr zum ursprünglichen Zustand der unendlichen Glückseligkeit.

Tatsache ist, dass die Meditation der höchste Zustand der Liebe ist. Wenn man diesen erhabenen Zustand erreicht, verwandelt sich auch die Liebe; sie wird formlos.

Wenn der Wunsch, Gott zu verwirklichen, zu einem akuten, flammenden inneren Schmerz wird, wird das Feuer dieser Sehnsucht die Liebe reinigen. Die Intensität dieser Sehnsucht ist dasgleiche wie *Tapas*. Wenn die Tiefe der Liebe zunimmt, sie alles beginnt zu durchdringen, wird sie zu einer reinen Präsenz, die alle Begrenzungen hinter sich lässt. Das ist es, was Amma meint, wenn sie sagt: „Ich bin Liebe, die Essenz der Liebe.“

Einmal fragte jemand Amma: „Gibt es einen Unterschied zwischen Liebe und Meditation?“

Amma gab die folgende Antwort: „Diejenigen, die denken, dass Liebe und Meditation zwei verschiedene Dinge sind, haben die Tiefe und Bedeutung weder von dem einen, noch von dem anderen verstanden. Wenn sich die Liebe vertieft, wird sie ganz natürlich zu Meditation. Liebe ist die Kraft, die der Blume der Meditation dabei hilft zu wachsen, zu blühen und ihren Duft überall zu verströmen. Zuerst sollte die auf Leidenschaft basierende Liebe zu selbstloser Liebe werden. Allmählich geht sie von der Verehrung eines Gottes mit Eigenschaften zur Verehrung der formlosen Göttlichkeit über. In diesem Zustand betrachtest du alles als Gottes Herrlichkeit und Schönheit. Die Welt wird zu Gott.“

Das Wort „Meditation“ leitet sich etymologisch vom lateinischen „*mederi*“ ab, was „heilen“ bedeutet. Wörter wie „Medizin“, „medizinisch“, „meditieren“ und „Medikament“ leiten sich alle von „mederi“ ab.

Wir brauchen Medikamente, um die Krankheiten zu heilen, die den Körper befallen. Ebenso ist die Meditation notwendig, um die Krankheiten des Mindes zu heilen.

Um die Heilung zu beschleunigen, wäre es tatsächlich gut, wenn wir neben den Medikamenten, die wir gegen die Krankheiten und zur Heilung des Körpers einnehmen, auch meditieren würden. Wenn wir die Verbindung zwischen Medizin und Meditation verstehen würden, würden sich die von den Ärzten verordneten Behandlungen drastisch ändern. Vielleicht ist dies die Bedeutung des alten Malayalam-Sprichworts „Medizin und Mantra". Medizin bedeutet offensichtlich eine angemessene Behandlung durch einen qualifizierten Arzt und die verschriebenen Medikamente. Fügt man *Mantra Japa* (das wiederholte Rezitieren eines Mantras) hinzu, und man hat die göttliche Formel, die wirklich heilt.

Um den Mind unter Kontrolle zu bringen, Frieden zu erlangen und das spirituelle Ziel durch Meditation zu erreichen, muss man so geduldig und nachsichtig werden wie Mutter Erde selbst. Der Patient, der im Krankenbett liegt, kann es sich nicht leisten, ungeduldig zu sein. Geduld ist für die Heilung absolut notwendig. Ungeduld kann zu weiteren Problemen führen.

Es gibt zwei Arten von Krankheiten: körperliche und mentale. Schlechte körperliche Gesundheit kann mit Medizin geheilt werden, und schlechte mentale Gesundheit durch Meditation.

Um zu den höchsten Gipfeln des Materialismus und der Spiritualität aufzusteigen, muss man lieben, was man tut. Man muss mit ganzem Herzen dabei sein. „Die Kraft der Liebe wirkt wie eine Antriebsrakete, und Meditation bringt uns bis zum Gipfel", sagt Amma.

Es ist bekannt, dass einige Wissenschaftler und Künstler mit erstaunlichen intellektuellen Fähigkeiten diesen Zustand der Meditation erlebt haben. Wenn man die Werke einiger großer Dichter und Schriftsteller liest, hat man das Gefühl, als wären ihnen die Geheimnisse des Universums enthüllt worden, so erhaben war ihre Sicht auf die Dinge. Leider sind die meisten von ihnen, abgesehen von einigen wenigen, Opfer der Versuchungen ihres Mind geworden und haben sich unkontrolliert gehen lassen und damit ihr eigenes Leben zerstört.

Wenn Tänzer tanzen, wenn Sänger singen und wenn Musiker musizieren, scheinen sie einen Zustand meditativer Versenkung zu erfahren. Doch keiner von ihnen kann danach weiter in diesem Zustand verweilen oder das Reich der unendlichen Glückseligkeit erreichen. Sie mögen für einige Zeit im Zustand der inneren Konzentration sein, doch danach rutschen sie wieder in den normalen mentalen Zustand mit all seinen Konflikten und Aufregungen zurück. Das ist ein Grund, warum Meditation so wichtig ist. Wie Amma sagt: „So wie Essen und Schlafen, sollten auch Meditation und spirituelle Übungen ein unverzichtbarer Teil unserer täglichen Routine werden."

Wie bereits erwähnt, erhöht die Intensität der Liebe die Tiefe der Meditation und vervollständigt sie. Wenn Meditation zu einem Mittel der geistigen Reinheit und spirituellen Befreiung wird, verwandelt sich die Liebe, auf der sie aufbaut. Sie erlangt die Fähigkeit, den Suchenden zu den höchsten Ebenen der Existenz zu führen. Amma sagt: „Wenn Meditation zu einem ununterbrochenen Strom wird, zu einem unaufhörlichen Fluss, dann erfährst du völliges Einssein mit dem Ganzen."

Amma ist der höchste Zustand der Meditation. Die Stille, die Glückseligkeit und die Schönheit der Meditation sind in all ihren Handlungen erkennbar. Wenn wir Amma mit ganzem Herzen beobachten, wird uns ihre Erfahrung immer klarer und nach und nach können wir rechtmäßige Erben derselben Erfahrung werden. Der beste Ort, um die Essenz der Meditation in sich aufzunehmen und selbst zur Meditation zu werden, ist die heilige Gegenwart eines Satgurus wie Amma.

Amma sagt: „Für den Anbau von Apfelbäumen braucht man ein kaltes Klima, damit sie Früchte tragen. In Kerala werden sie nicht wachsen. Und wenn doch, dann werden sie nicht viele Äpfel tragen und die Früchte werden auch nicht so schmackhaft und süß sein, wie die Äpfel, die dort wachsen, wo diese Frucht heimisch ist. Doch in Kaschmir wachsen Apfelbäume in Hülle und Fülle, da das Klima dort für sie günstig ist. Genauso ist die Anwesenheit eines Satgurus das ideale und beste ‚Klima‘ für Sadhaks, die Meditation praktizieren und spirituell wachsen wollen."

Es lohnt sich, über Ammas Worte zu meditieren: „Wenn sich der Mind in wahrer Meditation auflöst, gibt es kein Zurück mehr. Wenn der Mind darin verankert ist, wird man zum Herzen des Universums. Alles wird zu ‚Ich'. ‚Ich' durchdringt jeden Ort. Man beginnt, alles anzuziehen. Man bekommt alles. Man wird zu einer reinen Präsenz, die fähig ist, alles und jedem voran zu helfen, eine liebende Präsenz, die alle Wesen berührt wie ein fließender Fluss oder ein vorbeiziehender Windhauch."

Sahaja Samadhi ist der höchste Zustand der Existenz, in dem man sich vollständig in der unveränderlichen Erfahrung des Einsseins mit Brahman befindet. Amma ist die glorreiche und überfließende Gegenwart der tief verwurzelten Weisheit der Vollkommenheit in Meditation und Mitgefühl. Ihre Form und ihre Berührung, ihr Klang und ihre Stille, ihr Schweigen und ihre Beredsamkeit, ihr Essen und ihr Schlafen, ihr Spiel und ihr Lachen, ihre Liebe und ihr Zorn, ihr Blick und ihre Bewegung sind alles Meditation, die fortwährende Manifestation von Sahaja Samadhi.

12 DIE ALLUMFASSENDE NATUR DES GURUS

Amritapuri befindet sich immer in einem Zustand der Glückseligkeit. Es feiert kontinuierlich Guru Purnima, dank der Anwesenheit der Perfektion, in Ammas Gestalt. Jeder Moment mit Amma ist Guru Purnima. Ihre Anwesenheit lässt das Licht der Selbsterkenntnis auf der Erde erstrahlen. Jedes Sandkorn und jedes Luftmolekül in Amritapuri trägt die Schwingung großer Feierlichkeit in sich. Ein Funke dieses Wissens muss das Herz von Sri Ottoor Unni Namboothirippad erleuchtet haben, denn das allererste Mantra von Ammas *Ashtottaram* (108 Namen), das er dichtete, war „*Om Purna-Brahma-Svarupinyai namah*" – Wir verbeugen uns vor Amma, die das vollkommene, höchste Bewusstsein ist.

Ein Satguru ist in der Tat die Verkörperung des Höchsten. Guru Purnima ist ein Tag, an dem sich der Schüler voller Andacht an die Herrlichkeit und an das alles durchdringende Wesen des Gurus erinnert und ihn verehrt.

Der indische mystische Dichter Kabir aus dem 15. Jahrhundert beschreibt die Größe des

Satgurus, indem er verkündet: „Der Guru ist jenseits aller Worte großartig, und großartig ist das Glück des Schülers." Er besang die Herrlichkeit des Gurus folgendermaßen: „Es ist die Gnade meines wahren Gurus, die mich das Geheimnis erkennen ließ. Ich habe von ihm gelernt, ohne Füße zu gehen, ohne Augen zu sehen, ohne Ohren zu hören, ohne Mund zu trinken und ohne Flügel zu fliegen. Ich habe meine Liebe und meine Meditation an einen Ort gebracht, an dem es weder Sonne und Mond noch Tag und Nacht gibt. Ohne zu essen, habe ich die Süße des Nektars gekostet. Ohne Wasser, habe ich meinen Durst gestillt. Wo es die Antwort des Entzückens gibt, da ist die Fülle des Glücks. Vor wem kann man diese Freude äußern?"

Für einen Schüler ist der Guru alles. Die Gestalt und das grenzenlose Mitgefühl des Gurus sind die Objekte der Meditation für den Schüler. Es gibt nichts anderes, an den sein Mind und sein Intellekt denken kann. Schüler, die solche Höhen erlangt haben, sind selten. Sie sind ein Wunder.

Amma sagt: „Spiritualität ist eine Reise zurück zu der wahren Quelle unserer Entstehung. Sie ist Teil des evolutionären Prozesses, auf den sich jeder von uns irgendwann begeben muss, entweder in diesem Leben oder in einem späteren." Denjenigen, die fragen: „Wann?", antwortet Amma: „Jetzt. Hier. Dieser Moment ist am besten geeignet, um nach dieser Erkenntnis zu streben. Darauf zu warten, dass die Gedanken abklingen, bevor man mit seiner spirituellen Suche beginnt, ist so, als würde man darauf warten, dass es keine Wellen mehr gibt, bevor man im Ozean schwimmt. Man muss sich nach innen wenden und in dem Moment mit der Selbsterforschung anfangen, in dem man sich zum ersten mal seiner Neugier über die Wahrheit der Existenz bewusst wird."

Sobald wir einem Satguru begegnen, sobald diese menschliche Manifestation des universellen Bewusstseins in unser Leben tritt, dürfen wir nicht länger zögern, denn es gibt nichts Größeres im menschlichen Leben. Zweifel nicht; erlaube dem Mind nicht, deine Sehnsucht zu untergraben.

Sobald der Gedanke auftaucht: „Ich muss meine spirituellen Übungen, ohne weiter zu zögern, verfolgen", dürfen wir keinen einzigen Moment warten, bevor wir damit anfangen. Der Mind ist wankelmütig. Die Gedanken bewegen sich mit der Geschwindigkeit des Windes.

In der *Bhagavad Gita* fragt der große Krieger Arjuna Lord Krishna:

cañcalam hi manaḥ kṛṣṇa
pramāthi balavaddṛḍham
tasyāham nigraham manyē
vāyōriva suduṣkaram

Der Mind ist sehr unruhig, turbulent, stark und hartnäckig, oh Krishna. Es scheint mir, dass er schwieriger zu kontrollieren ist als der Wind. (6.34)

Für das aufrichtige Problem seines Schülers empfiehlt Krishna eine zweigleisige Lösung. Er schlägt 'Abhyasa' (ständige Praxis) und 'Viragya' (eine Haltung der Losgelöstheit gepaart mit richtigem Urteilsvermögen) als Wege vor, den Mind zu zähmen und zu disziplinieren.

Wie erreicht man Meisterschaft in einem bestimmten Bereich, sei es in Kunst, Wissenschaft, Wirtschaft, Politik oder einem anderen Bereich? Durch ständiges Üben, richtig? Es ist wie wenn man Karate gemeistert hat. Sobald man es einmal richtig beherrscht, gibt es keine Anstrengung mehr; selbst die kompliziertesten Bewegungen fließen durch einen durch. Man muss nicht einmal mehr nachdenken. Es geschieht einfach. Aber um diese Spontaneität zu erreichen, braucht man jahrelanges, kontinuierliches und bewusstes Üben. Hoch angesehene Menschen, Künstler, Sänger, Musiker und Sportler üben ihre Kunst jeden Tag stundenlang und ohne Unterlass.

Amma hat ein eindrucksvolles Beispiel für Vairagya. Sie sagt: „Angenommen, du bist allergisch gegen Weizen oder Milchprodukte. Würdest du nicht darauf verzichten, Pizza, Chappatis oder Eis zu essen, selbst wenn alle deine Freunde in einem Restaurant eines dieser Gerichte bestellen? Dieses Verständnis entspringt dem Wissen, dass der Verzehr von Weizen- oder Milchprodukten eine schwere allergische Reaktion auslösen könnte, nicht wahr? Ebenso sollte ein *Sadhak* eine Abneigung gegen weltliche Vergnügungen entwickeln, weil er weiß, dass sie seinem spirituellen Wachstum schaden."

Was geschieht, wenn jemand ununterbrochen läuft? Er oder sie wird müde, erschöpft und bricht schließlich zusammen, nicht wahr? Wir sollten uns einen Moment Zeit nehmen und unser eigenes Leben betrachten. Was tun wir da? Wir laufen ein Rennen, körperlich, geistig und emotional, richtig? Das ist der Grund, warum es im Englischen den Ausdruck „Rat Race / Hamsterrad" gibt – für eine gehetzte Lebensweise in der modernen Gesellschaft, in der die Menschen miteinander um Macht und Geld konkurrieren.

Wir müssen unserem Bewusstsein erlauben, weiter zu werden. Aber wie können wir unser Bewusstsein ausdehnen? Amma sagt: „In Wirklichkeit gibt es für das Bewusstsein keine Ausdehnung oder Kontraktion. Es ist immer voll und unveränderlich. Solange wir uns allerdings mit dem Körper und dem Mind identifizieren, gibt es eine so genannte Erweiterung unseres Bewusstseins. Diese Erweiterung geschieht durch kleine Taten der Freundlichkeit, des Mitgefühls, ein herzliches Lächeln, nette und berührende Worte, Verständnis für andere, Vergessen, Verzeihen und durch spirituelle Übungen wie Meditation, Japa usw."

Im täglichen Leben befinden wir uns in einem ständigen Prozess des „Tuns" und „Rückgängigmachens". Wir erkennen dies nicht. Daher sind wir uns dessen nicht bewusst. Wie oft müssen wir viele Dinge anders tun, Dinge die wir schon so lange in unserem Leben tun? Wir ziehen von einer

Stadt in eine andere, von einem alten Haus in ein neues Haus, von einer vertrauten Nachbarschaft in eine unbekannte Nachbarschaft, von einem Büro oder einer Arbeitsumgebung in eine neue. Bei allen kleineren und größeren Veränderungen im Leben müssen wir immer einige unserer alten Gewohnheiten aufgeben und neue erlernen. Dies ist als *Abhyasa* bekannt.

Wir besitzen die innere Fähigkeit, spirituelle Qualitäten zu entwickeln, vorausgesetzt, es ist uns ernst damit und wir sind entusiastisch. Zu diesem Prozess gehört auch *Vairagya*, denn während wir uns von einer Situation zur nächsten bewegen, sollten wir uns auch von der vorherigen lösen. Aus diesem Blickwinkel betrachtet, üben wir in unserem Leben ständig Abhyasa und Vairagya. Wenn unser Ziel die Verwirklichung Gottes ist, muss sich unsere Einstellung und die Intensität dieses Prozesses verstärken.

Der Gedanke, der als Welle im gegenwärtigen Moment entsteht, wird von den folgenden Gedankenwellen beiseite gedrängt. Ein endloser Evolutionsprozess findet in uns statt, bei dem die brüllende Zukunft die Gegenwart in die Vergessenheit der Vergangenheit drängt. So ist der

Mind. Wenn wir also nicht sofort auf unsere edlen Impulse reagieren und sie in die Tat umsetzen, werden sie ihre Kraft verlieren, und wir könnten eine goldene Gelegenheit verpassen, in die Tiefen unseres eigenen Selbst vorzudringen.

Spiritualität ist die Suche nach der eigenen Wirklichkeit, und der Gegenstand der Untersuchung ist das eigene Selbst. Es gibt nichts Höheres auf dieser Welt, als sein eigenes Selbst zu erkennen. Es bedeutet, mit der Einheit der universellen Existenz eins zu werden. Wenn der Mind durch *Tapas* geläutert wird, kommt das Bewusstsein „ich bin Gott, ich bin Alles" ans Licht. Mit dem Anbruch der Selbsterkenntnis überwindet man nach und nach Vorlieben und Abneigungen. Die Konzepte von „innen" und „außen" verblassen. Man erfährt die Unendlichkeit von *Maha-Akash* („großer Raum", d.h. universelles Bewusstsein).

Diejenigen, die diesen Weg gehen wollen, müssen sich darauf vorbereiten, das höchste Wissen zu empfangen. Wenn der Suchende bereit ist, sich vorbereitet, immer wachsam zu sein, erscheint sein Satguru. Bis dahin wird uns der Satguru nicht begegnen, selbst wenn er physisch in unserem Leben anwesend ist. Das ist es, was Amma meint, wenn sie sagt: „Zuerst muss es einen Schüler geben. Erst dann manifestiert sich auch der Guru." Die totale Bereitschaft des Schülers, sich der Disziplinzu unterziehen, ist das Wichtigste daran. Das einzige Ziel des Satgurus ist es, uns aus dem tiefen Schlummer der Unwissenheit aufzuwecken. Wenn du dich also in der Gegenwart eines Satgurus „angeheizt" fühlst, sieh das als ein gutes Zeichen. Denn das bedeutet, der Guru hat angefangen, an dir zu arbeiten.

Ein Schüler zu sein erfordert ständige Vorbereitung. Eigentlich ist unser ganzes Leben eine ununterbrochene Vorbereitung. Ab dem Moment, in dem die Nabelschnur durchtrennt wird, beginnt für jeden von uns eine lebenslange Vorbereitung, um ein glückliches und friedliches Leben in dieser Welt zu führen. Dennoch zeigt sich, wenn man die Menschen auf der ganzen Welt genauer betrachtet, dass sie im Laufe ihres Lebens viele Enttäuschungen und Frustrationen erleben, die letztlich zu großem Leid führen. Die Ironie besteht darin, dass wir uns zwar ständig auf das Leben vorbereiten, aber das Leben nie wirklich leben. Gibt es nicht Menschen, die auf ihrem Sterbebett sagen: „Mein ganzes Leben lang habe ich mich nur darauf vorbereitet zu leben, aber ich habe nie wirklich gelebt." Deshalb ist die spirituelle Praxis der Spiritualität, die auf den Prinzipien der Befreiung und des Loslassens von unnützen Anhaftungen beruht, so wichtig.

Es gibt eine Geschichte über einen sehr reichen Mann, der sehr an seinem Reichtum hing. So war es nur natürlich, dass er sich wünschte, tausend Jahre alt zu werden. Er besuchte viele heilige Orte und konsultierte viele heilige Männer in der Hoffnung, dass ihm sein Wunsch erfüllt wird. Auf einer seiner Pilgerreise, erzählte ihm jemand, dass es im Himalaya eine uralte Höhle gäbe, in der ein kleiner Bach fließt, dessen Wasser seine Lebensspanne erheblich verlängern könnte. Er begab sich sofort dorthin und fand den Bach. Der Mann war überglücklich. Freudig nahm er von dem Wasser. Als er gerade zum Trinken ansetzte, hörte er plötzlich eine Stimme: „Tu es nicht. Überlege es dir gut, bevor du das Wasser trinkst." Der Mann schaute sich um. Es war eine Krähe. Der Mann fragte den Vogel: „Warum? Hast du einen guten Grund für deine Bitte?" Die Krähe sagte: „Ja, den habe ich. Ich habe einmal das Wasser aus dem Bach getrunken. Jetzt geht mein Leben immer weiter. Aber ich bin unglaublich unglücklich und unzufrieden." Die Krähe fuhr fort: „Ich habe alles im Leben gesehen und alles erlebt - Ruhm, Ehre, Macht, Liebe, Erfolg, Misserfolg und so weiter. Ich war der König der Krähen. Ich hatte viele Frauen, so viele Kinder, was auch immer man sich vorstellen kann, ich hatte es. Jetzt habe ich die Nase voll davon und möchte dieses Leben irgendwie beenden, aber ich kann es nicht. Ich habe sogar versucht, Selbstmord zu begehen. Aber auch das hat nicht funktioniert, weil ich warten muss, bis die vorgegebene Zeit meines Lebens ausgeschöpft ist. Mein Freund, ganz ehrlich, ich leide so sehr, ich kann es nicht in Worte fassen. Bitte höre auf meine Bitte und trinke nicht von dem Wasser." Es wird erzählt, dass der reiche Mann in diesem Moment die Wahrheit über das Leben verstand und die Höhle verließ, ohne das Wasser zu trinken. Diese Geschichte ist eine Metapher, um zu zeigen, dass alles, was außerhalb von uns liegt, zu irgendeinem Zeitpunkt zu einer Quelle des Schmerzes werden kann. Selbst eine lange Lebensspanne wird das Leiden nicht beenden, da unnütze Anhaftung zwangsläufig zu einer Störung des natürlichen Zustandes des Friedens und der Ruhe führen wird.

Das bedeutet nicht, dass wir keine Wünsche oder keinen Besitz haben sollten. Natürlich können wir das, doch wir sollten uns nicht von ihnen beherrschen lassen. Das ist das Geheimnis eines glücklichen Lebens. In dem Moment, in dem man versucht, es zu ergreifen und zu behalten, wird man aus seiner Mitte gerissen, und die Symphonie des Lebens wird zu einem melancholischen Klagelied. Die Aufgabe eines Satgurus ist es, die Symphonie wieder erklingen zu lassen und schließlich den Weg für uns zu ebnen, um den Zustand der Verwirklichung zu erreichen. Dafür müssen wir die Bereitschaft haben, den Guru an uns arbeiten zu lassen, an unseren Vorlieben und Abneigungen. Der Guru ist immer bereit, aber nur wenn wir es zulassen, wird der Guru mit der Arbeit beginnen.

Ich habe viele Menschen gehört, die zu Amma sagten: „Ich hatte dieses Problem vorher nie, aber seit ich meditiere, habe ich endlos viele Gedanken. Warum ist das so?" Die Antwort ist, weil wir nie zuvor versucht haben, zu meditieren und den Mind zum Schweigen zu bringen. Meditation ist so, als würde man Licht in einen stockdunklen Raum bringen. Wenn wir eine Lampe anzünden, wird alles in dem Raum sichtbar. Genauso sehen wir die in uns schlummernden negativen Emotionen, erst wenn die Meditation den Mind zum beruhigt. Es ist nicht so, dass die Meditation neue Gedanken und Gefühle hervorbringt. Sie hilft nur zu sehen, was schon immer da war.

Die direkte Führung und göttliche Gegenwart eines Satgurus gibt uns Einblick in die verschiedenen Aspekte der spirituellen Sadhanas, einschließlich der dringend benötigten Flexibilität bei der Durchführung des eigenen Sadhanas, unabhängig von Zeit und Ort.

Manche Menschen sagen: „Ich kann nur meditieren, wenn ich in einem Wald oder in einer Höhlen im Himalaya bin." Auch das ist Anhaftung, ein Hindernis auf dem Weg zur Selbstverwirklichung. Ich möchte Amma zitieren. Sie sagt: „Egal, wo du bist, du solltest meditieren können. Jede der 24 Stunden sollten vollkommen unter deiner Kontrolle sein."

Die Natur unseres inneren Selbst ist Frieden und Stille. Der Mind ist dem entgegengesetzt. Seine Natur ist es, Turbulenzen und Disharmonie zu erzeugen. In dem Moment, in dem wir versuchen, in einen friedlichen Zustand zurückzukehren, mischt sich der Mind ein. Gedanken und Emotionen überfluten uns. Turbulenzen sind für das Selbst unnatürlich. Es ist dasselbe wie mit Wasser, wenn es kocht. Sein normaler Zustand ist Stille. Wasser möchte seinen ursprünglichen Zustand beibehalten, deshalb wird es unruhig, wenn es gekocht wird.

Im Grunde ist es kein Objekt, keine Person, keine Situation, die eine Störung im Mind auslöst. Es ist nicht einmal eine physische oder psychische Beziehung. Nichts davon ist in der Lage, irgendeinen Schmerz auszulösen. Sind wir nicht manchmal traurig oder am Boden zerstört über etwas, das sich an einem weit entfernten Ort ereignet, vielleicht sogar auf der anderen Seite der Welt? Zum Beispiel bei einer Katastrophe, die einem Land oder einer Gruppe Menschen widerfährt? Haben wir dazu eine physische Beziehung? Nein. Es ist also nicht die Beziehung selbst, die den Schmerz der Trauer verursacht. Die wahre Ursache ist unsere verfälschte Wahrnehmung der Welt und ihrer Objekte.

Die Welt ist ständig in Bewegung. Veränderung ist ein unvermeidliches Gesetz. Deshalb wird die Anhaftung an etwas oder jemanden bald von Abneigung abgelöst. Wenn man etwas oder jemanden mag, wartet die Abneigung gleich um die Ecke, um sich auf einen zu stürzen. Deshalb rieten uns die großen Rishis, uns über die Emotionen zu erheben und uns auf unser Sein, unser wahres Selbst zu konzentrieren.

Kurz bevor der Krieg von Kurukshetra begann, hatte Arjuna das beispiellose Glück, die kosmische Gestalt von Lord Krishna zu sehen. Man stelle sich diesen gesegneten Moment vor! Diese einmalige Vision war die Antwort Gottes auf eine einzigartige Situation. Dieser überirdische Moment führte Arjuna in die höchsten Höhen des Staunens und in die tiefsten Tiefen der Angst und half ihm schließlich, für all seine Fehler um Vergebung zu bitten und sich ganz Lord Krishna hinzugeben.

> *yaccāvahāsārtham asat-kṛtō'si*
> *vihāra-śayyāsana-bhōjanēṣu*
> *ekō'tha vāpy acyuta tat-samakṣam*
> *tat kṣāmayē tvām aham apramēyam*

Und wenn ich dich in scherzhafter Weise respektlos behandelt habe, beim Spielen, Ausruhen, Sitzen, Essen, wenn du allein warst oder vor anderen - für all das bitte ich um Vergebung. (*Bhagavad Gita*, 11.42)

In diesem Moment sah Arjuna Krishna, der bis eben noch sein Wagenlenker gewesen war und den er als gleichwertig betrachtet hatte, nicht mehr als einen Freund, der mit ihm lachte, spielte und plauderte und mit dem er sowohl die Nähe als auch die Konflikte erlebt hatte, die zu einer Freundschaft gehören. In diesem gesegneten Augenblick sah Arjuna vor sich den Allmächtigen in einer menschlichen Gestalt. Im 11. Kapitel der Bhagavad Gita wird dieses erstaunliche Wunder ausführlich beschrieben: „Mit zahllosen Mündern und Augen, einer Unzahl wunderbarer Gesichter, einer Fülle himmlischen Schmucks und erhobener himmlischer Waffen." (10)

Es war, als wären der Natur zahllose Zungen gewachsen, und jedes Atom, jeder Grashalm sprach zu Arjuna. Durch diese Stimmen war Arjuna in der Lage, das Geheimnis des Dharmas zu erfassen.

Der *Vishva-Rupa Darshan* (Vision der kosmischen Form) ist der Dialog Gottes mit dem Menschen, eine Botschaft aller kosmischen Kräfte und die Empfehlungen des universellen Gurus an den Schüler. Um die Bedeutung der Worte der Gurus zu verstehen, reicht es nicht aus Sanskrit zu beherrschen. Das Verständnis muss über die Worte hinausgehen. Jedes Wort, jeder Punkt, jedes Komma und jedes Semikolon ist der Meditation wert. Sie sind alle von dem heiligenden Atem des Gurus durchdrungen.

Der Begriff „Gravitationskraft" bezeichnet im Allgemeinen die Anziehungskraft der Erde. Die Erde tut nichts bestimmtes, und doch wird alles von ihr angezogen. Was man in der Gegenwart eines Satgurus erfährt, ist dem sehr ähnlich: Es ist die Anziehung durch die allumfassende Natur des Gurus. Diese Anziehung ist unbeschreiblich, unsichtbar, von Herzen kommend und bezaubernd.

Der Guru führt den Schüler zu der mystischen Quelle der unendlichen Kraft des Universums. Genau aus diesem Grund darf seine Lehrmethode nicht dem gewöhnlichen Wissen und der Logik entsprechen. Der Schüler muss die Reife besitzen, die Lehren zu empfangen und zwar frei von

Vorurteilen. Denn der Guru wird die Vorstellungen und Überzeugungen des Schülers völlig auf den Kopf stellen. Er wird die Anschauung des Schülers über die Welt, das Leben und die Beziehungen erschüttert. In diesem Prozess der Erneuerung kann manchmal das Gefühl aufkommen; das Mitgefühl des Gurus ist gnadenlos!

Kommt es nicht vor, dass Lehrer manchmal streng mit ihren Schülern sind, wenn sie wirklich möchten, dass ihre Schüler lernen, eine gute Zukunft haben, hohe Positionen erreichen und ihre Pflichten mit einer Haltung der Hingabe erfüllen? Diese Strenge ist nur eine Maske, hinter der sich die tiefe Liebe und Fürsorge des Lehrers für seine Schüler verbergen. Wenn wir es schon nicht schaffen, die guten Absichten von normalen Lehrern zu erkennen, die Schüler in Fächern des weltlichen Lebens unterrichten, wie können wir dann den Modus Operandi eines Satgurus verstehen, der versucht, den Schüler auf die Verwirklichung des Höchsten vorzubereiten?

Wie die unendliche Weite des Himmels ist der Satguru reine Präsenz. Seine Lehren werden nicht durch Druck oder Gewalt vermittelt. Nichts geschieht ohne die volle Zustimmung des Schülers, seine völlige Empfänglichkeit und Hingabe.

Die Selbstverwirklichung ist der Gipfel der Glückseligkeit. Ist man einmal in diesen Ozean von Sat-Chit-Ananda eingetaucht, gibt es kein Zurück mehr. In diesem nicht-dualen Zustand kann es sein, dass man keine Liebe und kein Mitgefühl mehr für die Welt oder die Menschen empfindet. Aber sehr seltene Seelen kehren zurück, so wie unsere geliebte Amma, die von Natur aus der Ozean des Mitgefühls ist. Sie kommen zurück, um der Welt weiterzuhelfen, den Leidenden Beistand zu leisten und die zu führen, die auf er Suche nach der endgültigen Wahrheit sind. Sie fließen wie der Ganges der Liebe und des Mitgefühls. Sie leben unter den gewöhnlichen Menschen, als wären sie einer von ihnen, wirken aber mit außergewöhnlichen Kräften. Sie sind Satgurus, die göttlichen Inkarnationen.

Selbst wenn die Erde ins Mondlicht getaucht ist, selbst wenn dieses Licht den Körper und den Mind tröstet, wird der Mensch immer noch auf die Schatten und die Unvollkommenheiten des Vollmondes zeigen. Ebenso bemängeln auch wir aus unserer Unwissenheit heraus den Vollmond der makellosen Gegenwart, Reinheit und des göttlichen Lichts des Gurus.

Der Guru ist die Verkörperung der Geduld und wird unendlich lange darauf warten, dass der Schüler sein Herz öffnet. Diejenigen, die ein Schüler werden wollen, müssen jedoch ein klares Verständnis gegenüber des Lebens haben – sie müssen wissen, was sie wirklich wollen. „Was ist mein eigentlicher Weg? Habe ich die Reife und Weisheit, um direkt nach *Brahmacharya* (Lebensabschnitt, der durch spirituelles Studium gekennzeichnet ist) ein *Sannyasi* (Asket, der die Welt entsagt) zu werden? Oder ist es mein Dharma, eine Familie zu gründen, danach durch *Vanaprastha* (Rückzug von weltlichen Pflichten) zu gehen und dann das Leben eines Sannyasi zu führen?" Jemand, der sich auf dem spirituellen Weg befindet, sollte sich diese Fragen aufrichtig stellen und in sich gehen, um die Antworten zu finden. Ich erinnere mich an die Worte von Lord Krishna in der *Bhagavad Gita*:

> *caturvidhā bhajantē mām*
> *janāḥ sukṛtinō'rjuna*
> *ārtō jijñāsur arthārthī jñānī*
> *ca bharatarṣhabha*

O Arjuna, Du Meister unter den
Menschen, vier Menschengruppen
verehren Mich: die Unglücklichen, die
nach Wissen Suchenden, die Reichtum
Suchenden und die Weisen. (7.16).

Manche Menschen denken nur an Gott, wenn sie
krank sind, Prüfungen bevorstehen, sie in Geldnot
sind usw. Sie sind die Aarthas (die Unglücklichen,
jene die Erfüllung ihrer Wünsche suchen). Dann
gibt es diejenigen, die Fächer wie Geschichte,
Geographie, Musik oder Literatur studieren und
aus Neugierde vielleicht auch einen Blick auf das
Thema Gott werfen. Solche Menschen gehören zur
zweiten Kategorie von Devotees: Jijnaasus (nach
Wissen Suchenden). Eine weitere Kategorie sind
die Arthaarthis (Reichtum Suchenden). Sie wollen
Reichtum, aber sie wollen ihn auf rechtschaffene
Weise verdienen, denn ihr Ziel ist die spirituelle
Befreiung. Im Gegensatz zu den anderen drei
Kategorien wünschen sich die Jnaanis (Weisen)
nichts anderes, als Gott zu kennen.

Bevor man sich darauf vorbereitet, ein Schüler
zu werden, wäre es gut, über den Rat nachzudenken, den Lord Krishna Arjuna gab. Man
sollte für sich herausfinden: „Zu welcher dieser

Gruppe gehöre ich?" Gott hat keine Vorliebe für eine dieser vier Gruppen. Dennoch ist der *Jnani* durch seine Gedanken, Taten und Meinungen näher bei Gott.

Tatsächlich hatte Lord Krishna keine Vorliebe für die Pandavas oder war voreingenommen gegenüber den Kauravas. Es wäre falsch zu denken, dass er das gewesen wäre. Krishna, ein Satguru der alles als gleich ansah, war jenseits von Vorlieben und Abneigungen. In seinem universellen Mind hatten Freund und Feind, Edles und Böses den gleichen Rang. Es gab überhaupt keinen Platz für diese Unterscheidungen, denn der gesamte Kosmos existiert in *Maha-Akash*, die wahre Natur des Satgurus. Das Universum entsteht aus dieser Unendlichkeit, existiert in ihr und wird sich schließlich wieder in ihr auflösen.

Die Pandavas nahmen Zuflucht bei Lord Krishna. Sogar während des Mahabharata-Krieges war ihre einzige Bitte an ihn, dass Lord Krishna auf ihrer Seite bliebe, selbst unbewaffnet. Obwohl Lord Krisha keine Feinde hatte, sahen die Kauravas ihn als einen solchen an. Krishna kann dafür nicht verantwortlich gemacht werden. Es war ein Problem erschaffen aus dem Mind und der Einstellung der Kauravas. Wenn Krishna Vorurteile gegen die Kauravas gehabt hätte, hätte er ihnen dann seine millionenstarke Narayani-Armee, die ausschließlich aus ritterlichen Soldaten bestand, geschenkt? Ist so etwas schon jemals in der Weltgeschichte vorgekommen?

Wenn man einen Körper angenommen hat, muss man in dieser Welt leben. Das ist auch bei Satgurus der Fall. Ihr Bewusstsein ist jedoch weiter als das gesamte Universum. Lord Krishna segnete diese Erde vor 5.000 Jahren mit seiner Anwesenheit, während Amma heute hier bei uns lebt. Die Zeitalter mögen vergehen, aber die Quelle der Bewusstseinsebene, in der Satgurus verweilen, und die Worte, die sie sprechen, sind eins. Amma verweilt in der gleichen höchsten Ebene des Bewusstseins, in der sich auch Lord Krishna befand.

Genau wie Krishna ist auch Amma aus dem höchsten Reich des Bewusstseins in diese Welt herabgestiegen, und zwar einzig und allein aus ihrem grenzenlosen Mitgefühl heraus für die Leidenden und für die spirituell Suchenden, die ihr Leben der Gottes-Verwirklichung widmen. „Grenzenloses Mitgefühl" ist der einzige Grund dafür, dass sie eine menschliche Gestalt angenommen hat, in unserer Mitte wirkt und zu einer riesigen Quelle der Inspiration für uns wurde. Es gibt keine andere Erklärung dafür.

Wenn Sat-Chit-Ananda eine menschliche Gestalt annimmt, auf die Erde herabsteigt und hier als Ganges von Amrita (Unsterblichkeit) fließt, schwimmen manche darin, manche baden darin, manche trinken daraus, und manche spucken hinein. Wie man sich verhält, hängt davon ab, wie viel Unterscheidungskraft und Rechtschaffenheit man hat. Nicht dass es den Fluss interessiert. Alles was er kann, ist fließen und weiterfließen. Niemand kann diesen ewigen Fluss von Amritapuri zum Rest der Welt aufhalten. Mit Amma zu leben bedeutet mit Gott zu leben.

13 FLUTEN DER GNADE

„Obwohl die Sonne weit von der Erde entfernt am Himmel steht, bringt sie die Lotosblumen auf der Erde zum Blühen. Auf dieselbe Weise ist für die Liebe Entfernung kein Hindernis." Dies sind Ammas Worte. Diejenigen, die sich nur in der Welt der Logik und des Intellekts aufhalten, werden es schwer finden, die Tiefe dieser Analogie zu ergründen. Aber denjenigen, deren Herzen die Berührung der reinen Liebe erfahren haben, ist die Öffnung des Herz-Lotos und die Erfahrung seiner überirdischen Schönheit und Duftes vertraut.

Mein Leben ist bis jetzt eine unendliche Folge solcher wundersamer Erfahrungen.

Ich möchte von einer dieser Erfahrungen erzählen. Sie wurde mir am Ende von Ammas Japan-Nordamerika-Tournee 2017 zuteil. Ob in Indien oder anderswo, Amma nimmt das Auto, um von einem Veranstaltungsort zum nächsten zu reisen. Eine Flotte von Bussen mit Hunderten von Devotees, begleitet sie. Amma war auf dem Weg zu einem viertägigen Programm in Toronto in Kanada. Während dieser vier Tage war auch Guru Purnima. Anschließend würde Amma und die Reisegruppe nach Indien zurückkehren. Viele Devotees kamen aus allen Teilen der USA und Kanadas zu Guru Purnima nach Toronto.

Ganz gleich, wo auf der Welt wir uns befinden, an den Reisetagen halten wir abends irgendwo auf dem Weg an, um Tee zu trinken und gemeinsam zu essen. Diese Konstante auf Ammas Touren ist als „Chai-Stop" bekannt. Auf Reisen durch Indien können solche Stopps überall stattfinden: auf einsamen Plätzen oder in Parks, am Straßenrand oder in der Nähe von Tankstellen, auf Feldern oder Spielplätzen. Im Rest der Welt finden diese Stopps an ausgewiesenen Orten statt, wie zum

Beispiel in einem öffentlichen Park, wo Amma sich dann mit ihren Kindern zusammensetzt. Am Anfang wird zusammen meditiert, gefolgt von hingebungsvollem Gesang, einer Fragerunde und Gebeten für den Weltfrieden. Oft bittet Amma auch die kleinen Kinder, die mit der Gruppe reisen, Geschichten zu erzählen, und die Älteren, über ein bestimmtes Thema zu sprechen. Danach serviert Amma das Essen für alle.

Nach ihren Programmen in Washington DC fuhren Amma und die Buse nach Toronto. Die Niagarafälle liegen etwa 10 Minuten von der kanadischen Grenze entfernt. In diesem Jahr machten wir den Chai-Stop in einem Park, der direkt an die Niagarafälle angrenzt. Auf der einen Seite lagen die Niagarafälle, eines der Weltwunder, und auf der anderen Seite war das glorreiche Wunder, das als Amma bekannt ist. Die Schriften sagen, dass ein selbstverwirklichter Meister das größte Wunder überhaupt ist.

Nach den üblichen Chai-Stop-Aktivitäten fuhr die Reisegruppe zur kanadischen Grenze. Gerade als Ammas Fahrer auf die Straße zur Grenze abbiegen wollte, bat Amma plötzlich und ohne ersichtlichen Grund: „Bitte halten Sie an. Wir können später weiterfahren." Als ich das hörte, verspürte ich ein inneres Unbehagen.

„Was ist los, Amma?" fragte ich.

„Ach, nichts!", antwortete Amma.

In ihrem Tonfall schien eine Andeutung mitzuschwingen. Ich stieg aus dem Auto. Mein Mind begann sofort zu fragen: „Warum sollte Amma den Fahrer auffordern, das Auto anzuhalten?" Da ich aus den gegebenen Umständen keine weiteren Schlüsse ziehen konnte, hörte ich auf, nach einer Erklärung zu suchen. Aus Erfahrung weiß ich, dass nur Amma in der Lage ist, den Sinn und die Bedeutung ihrer Worte und Handlungen zu verstehen, besonders in solchen Momenten, wenn sie uns zum Beispiel ohne ersichtlichen Grund bittet, das Fahrzeug anzuhalten.

Als ich dort stand, bekam ich das Gefühl, dass ich meinen Reisepass, in dem sich mein kanadisches Visum zusammen mit anderen wichtigen Dokumenten für die Einreisegenehmigung befand, das ich alles vorbereiten sollte. Das kanadische Visum war in meinem neuesten Reisepass. Da aber die Visa für einige andere Länder in meinen alten Pässen waren, waren alle alten Pässe mit dem neuesten zusammengebunden worden.

Damit ich das Visum für jedes Land leichter finden konnte, hatte ich verschiedenfarbige Post-it-Zettel auf die Seiten der verschiedenen Visa geklebt. Ich blätterte zu der Seite mit dem kanadischen Visum. Als ich es durchlas, stellte ich fest, dass es im Mai dieses Jahres, also schon vor zwei Monaten, abgelaufen war. Am Anfang dachte ich noch, dass ich den Zettel auf die falsche Seite geklebt hatte. Schließlich war es schon Juli. Ich ging jede einzelne Seite aller drei Pässe durch, die ich besaß. Alle kanadischen Visa, die ich hatte, waren in den vergangenen Jahren abgelaufen. Ich sah noch einmal nach und dann noch einmal. Aber ich konnte kein aktuelles Visum finden.

Die Devotees, die mit uns zusammen reisten, überprüften auch alle meine Pässe noch einmal gründlich. Schließlich stand zweifelsfrei fest: Ich besaß einfach kein gültiges Visum. Ich konnte nicht nach Kanada einreisen.

Für die Beschaffung von Visa für die Sannyasis, die mit Amma ins Ausland reisen, ist ein bestimmter Brahmachari zuständig. In all den Jahren hatte es in dieser Angelegenheit kein einziges Versäumnis gegeben. Als ich ihn anrief, um ihm zu sagen, was passiert war, tat es ihm furchtbar leid und er war völlig perplex; er konnte sich nicht erklären, wie das hatte passieren können.

Als mir die Konsequenzen der Situation dämmerten, war mein erster Gedanke: „Ich werde an Guru Purnima die *Pada Puja*, die rituelle Verehrung von Ammas Füßen, nicht abhalten können. Meine Praxis, dies zu tun, ohne ein einziges Mal aussetzen zu müssen, würde nach mehr als 30 Jahren unterbrochen werden."

Ich informierte Amma, die noch im Auto saß, dass ich kein Visum für Kanada hatte. „Sohn", das war alles, was sie sagte. In ihrer Stimme schwang die Besorgnis einer Mutter. Dann sagte sie langsam: „Amma hat gespürt, dass etwas nicht stimmte. Deshalb bat sie darum, das Fahrzeug anzuhalten." Niemand sprach ein Wort. „Was wirst du tun?", fragte Amma.

Mein Mind war wie betäubt. Dunkle Wolken des Schmerzes begannen in meinem Herzen aufzuziehen und warteten nur darauf, zu bersten. Ich sah Amma in die Augen. „Amma kennt das Herz ihres Sohnes." Das war es, was diese Augen mir sagten.

Dann sagte Gautam Harvey, ein Amerikaner, der in Amritapuri wohnt: „Wir sollten es trotzdem versuchen und dem Grenzbeamten die ganze Geschichte erzählen. Vielleicht hilft er uns ja, eine Lösung zu finden."

Ich bat Amma um die Erlaubnis, es zu versuchen. „Versuch es." In Ammas Worten und ihrem Gesichtsausdruck lagen ein Hauch von Zweifel.

„Erwarten Sie nichts, aber lassen Sie uns trotzdem unser Glück versuchen", schlug Gautam vor.

Wir organisierten ein separates Fahrzeug für uns. Ich stand da und musste zusehen, wie Ammas Auto davonfuhr. Ich spürte, dass die Tränen, die ich noch zurückhielt, bald aus mir herausbrechen würden. Ich unterdrückte meine Traurigkeit und stieg schnell in das Auto. Wir erreichten schon bald die kanadische Grenze. Im Grenzbüro erklärten wir die Situation. Natürlich wurde mir das Visum verweigert, und ich wurde aufgefordert, in die USA zurückzukehren.

In der Nähe der kanadischen Grenze liegt die amerikanische Stadt Buffalo. Bharat Jayaram, ein Professor an der dortigen Universität, ist ein enger Devotee von Amma. Wir beschlossen, bei ihm zu übernachten. Als wir sein Haus erreichten, war es bereits nach 1:00 Uhr morgens. Bharat lud uns zum Essen ein. Ich stand immer noch unter Schock nach allem, was geschehen war. Ich hatte in den letzten drei Jahrzehnten an Guru Purnima die Pada Puja für Amma durchgeführt. Ich hatte es nicht ein einziges Mal versäumt. Diese Praxis sollte nun unterbrochen werden. Der Schmerz darüber, wütete in mir wie ein brüllendes Inferno, wie konnte ich da daran denken, meinen Hunger zu stillen?

Leute, die sich mit Einwanderungsgesetzen auskennen, waren der Meinung, dass es sehr unwahrscheinlich sei, dass ich innerhalb der nächsten zwei Tage doch noch ein kanadisches Visum erhalten könnte. Sie waren sich jedoch einig, dass es nicht verkehrt sei, direkt beim kanadischen Konsulat in New York einen Antrag zu stellen. Auch Amma riet mir, genau das zu tun. Ich beschloss, am nächsten Tag den ersten Flug nach New York zu nehmen. Sneha (Karen Moawad), die an der Amrita-Universität für internationale Programme zuständig ist, erklärte sich bereit, nach New York zu fliegen und mir zu helfen.

Als ich ins Bett ging, war es bereits nach zwei Uhr morgens. Ich befand mich in einem Zustand der tiefen Verzweiflung. Ich konnte nicht aufhören zu weinen. Meine kostbare Amma war jetzt in Toronto. Die Hürde, ein Visum zu bekommen, schien unüberwindbar, zumal noch dazu ein Wochenende bevorstand. Aber ich wusste, ich musste mich bemühen, wenn Ammas Gnade fließen sollte.

Wir kauften Tickets für den Flughafen LaGuardia anstelle von JFK, um die Fahrzeit nach Manhattan zu verkürzen. Die Fahrt zum kanadischen Konsulat dauerte von dort aus nur 30 Minuten. Doch auch dabei war das Schicksal mir nicht gnädig. Aufgrund stürmischen Wetters in New York verzögerte sich der Abflug aus Buffalo, der um 9.00 Uhr morgens hätte starten sollen. Als wir endlich das Konsulat erreichten, war es Freitag nach 15.00 Uhr. Das kanadische Konsulat schließt freitags um 15.00 Uhr. Mein letzter Versuch, ein Visum zu erhalten, war gescheitert.

Das Konsulat würde erst am Montag wieder öffnen. Bis dahin ist Ammas Programm in Kanada fast beendet. Während Sneha und ich vor den verschlossenen Türen des Konsulats standen und uns fragten, was wir jetzt tun sollten, riet uns ein freundlicher Sicherheitsbeamter, der uns unbedingt helfen wollte, dass wir zur Visa-Agentur am anderen Ende der Stadt fahren sollten, da diese Agentur bis 17 Uhr offnen sei. Dort angekommen konnte mir die Visa-Agentur jedoch nicht versprechen, dass ich meinen Pass noch vor dem geplanten Rückflug nach Indien zurückbekommen würde, also entschied ich mich, das kanadische Visum lieber nicht dort zu beantragen.

Mein vorrangiges Ziel war es, nach Kanada zu kommen, um zu Guru Purnima bei Amma sein zu können, aber schlimmstenfalls wenigstens am Dienstag nach Toronto zu fliegen, um mit Amma zurück nach Indien zu reisen.

Es war klar, dass ein Aufenthalt in New York über das Wochenende wenig Sinn machen würde, aber nun hatten wir den letzten Flug zurück nach Buffalo verpasst, also verbrachten wir die Nacht in New York City. Die ganze Nacht konnte ich kein Auge schließen. Um 2:30 Uhr morgens klingelte das Telefon. Es war Amma. Ohne jede Ansage sagte sie: „Sohn, kehre morgen früh nach Buffalo zurück. Gautam wird dort sein und darauf warten, dich zur kanadischen Grenze zu bringen. Versuche es noch ein letztes Mal. Schließlich sollten wir jeden Versuch unternehmen, nicht wahr?

Der Rest ist Gottes Gnade." Sie rief an, während sie Darshan gab. Ammas Worte erinnerten mich an den berühmten Vers aus der *Bhagavad Gita*.

> *karmaṇy-ēvādhikāras tē*
> *mā phalēṣu kadācana*
> *mā karma-phala-hētur bhūr*
> *mā tē sango'stvakarmaṇi*

> Du hast nur Kontrolle und Befehlsgewalt
> über die Handlunen, aber niemals
> über deren Ergebnisse. Du solltest
> nicht die Ursache für das Ergebnis
> von Handlungen sein. Sei nicht daran
> interessiert, von Handlungen entbunden
> zu werden. (2.47)

Gautam rief mich an und erklärte mir, dass wir uns um eine befristete Aufenthaltsgenehmigung (TRP) für die Einreise nach Kanada bemühen würden. In seltenen Fällen waren die Einwanderungsbeamten befugt, eine TRP auszustellen. Er erinnerte mich daran, dass wir die Erlaubnis von Amma hatten, so vorzugehen.

In der Zwischenzeit gelang es Gautam mit Hilfe der Devotees von der Tour, Material über Amma und meine Rolle an der Amrita Universität und bei Embracing the World zu sammeln, und so flogen Sneha und ich zurück, um es diesmal an einem anderen Grenzübergang zu versuchen.

Für uns ging es morgens sehr früh los nach Buffalo. Gautam wartete bereits im Haus von Bharat Jayaram und um 10:00 Uhr fuhren wir zur Friedensbrücke an der kanadischen Grenze. Wir fuhren auf einer der drei Fahrspuren bis zu einem der Häuschen der Canada Border Services Agency. Der Beamte verlangte meinen Reisepass. Während er meine Dokumente prüfte, fragte er höflich: „Warum wurde Ihnen vor zwei Tagen das Visum verweigert?" Gautam erklärte ganz offen, was geschehen war, und sagte, dass wir jetzt zusätzliche Unterlagen hätten. Er erkundigte sich, ob es irgendeine Chance gäbe, ein vorläufiges Visum zu erhalten. Der Beamte warf einen Blick ins Auto, sah mich an und lächelte. Dann sagte er ruhig und höflich: „Ich würde nicht sagen, dass es unmöglich ist, ein vorläufiges Visum zu erhalten. Allerdings gibt es viele Vorschriften für die Erteilung eines solchen Visums. Sie müssten viele Dokumente vorlegen. Es ist sehr schwierig, ein solches Visum zu erhalten."

Der sanfte Ton und die Höflichkeit des Beamten verschlugen mir die Sprache. Er bat uns, zur Einwanderungsbehörde im nahe gelegenen Gebäude zu gehen.

Dort warteten viele Menschen auf eine Einreiseerlaubnis für Kanada. Ich schloss mich ihnen betend an und wartete, bis ich an der Reihe war.

Zu denjenigen, denen ein Visum verweigert wurde, gehörten ein Vater und seine Tochter. Der Vater versuchte, seine achtjährige Tochter mit nach Kanada zu nehmen. Er war geschieden. Der Beamte der Einwanderungsbehörde erklärte ihm, dass er ohne ein Schreiben der Mutter des Mädchens kein Visum bekommen kann, auch wenn sie seine Tochter sei. Der Vater sah hilflos aus, und die Tochter stand da und wusste überhaupt nicht, was los war.

Eine Mutter und ihre beiden Kinder schliefen auf einer Bank. Sie waren Flüchtlinge. Ein Beamter der Einwanderungsbehörde hielt sich in ihrer Nähe auf und hielt etwas zu Essen für sie bereit.

Während ich wartete, schien die Zeit kaum zu vergehen. Irgendwann wurde mein Name aufgerufen. Ich legte dem Beamten demütig meinen Pass und andere Dokumente vor. Er machte einen strengen Eindruck. Ohne einen Blick auf die Dokumente zu werfen, sagte er barsch: „Sie wussten sehr wohl, dass Sie ein Visum für die Einreise in die Vereinigten Staaten benötigen. Wussten Sie nicht, dass Sie auch für die Einreise nach Kanada ein Visum brauchen? Warum haben Sie sich dann keins besorgt? Es ist mir egal, wer Sie sind und wie wichtig Sie sein mögen."

Leider war dieser Beamte das genaue Gegenteil des freundlichen Mannes draußen. Er sagte rundheraus: „Sie hatten Zeit, ein Visum für die USA zu besorgen, aber Sie haben sich nicht die Mühe gemacht, ein kanadisches Visum zu beantragen. Wenn das Programm in Toronto ohne Sie weitergehen kann, werde ich kein Visum erteilen." Als wir ihm schließlich sagten, dass ich in den letzten 32 Jahren die Feier zu Guru Purnima durchgeführt hatte und dass die Zeremonie möglicherweise nicht stattfinden würde, wenn ich nicht in der Lage wäre, sie durchzuführen, warf er die Hände in die Luft und sagte, er würde jemand anderen mit dem Fall betrauen.

Es wurde immer komplizierter. Es schien hoffnungslos.

Wir warteten wieder. Nach wenigen Minuten kam ein weiterer Beamter und nahm neben dem ersten Beamten Platz. Er rief meinen Namen auf. Als ich den Schalter erreichte, war ich angenehm überrascht: Es war der höfliche Beamte, den wir draußen im Häuschen gesehen hatten! Ich legte ihm alle Dokumente vor. Die nächste Stunde verbrachte er damit, unsere Unterlagen durchzusehen. Wir warteten besorgt und beteten dabei ununterbrochen zu Amma.

„Mr. Puri!" Als ich hörte, wie mein Name aufgerufen wurde, ging ich zum Schalter zurück. Was würde er sagen? Ich schaute ihn ängstlich an. „Ich werde Ihnen ein befristetes Visum erteilen. Aber nur dieses eine Mal." Er lächelte. Ich traute meinen Ohren nicht, aber mein Herz flüsterte: „Gnade, Ammas unendliche Gnade!" Er erteilte mir nicht nur ein befristetes Visum, sondern verlängerte es auch gleich noch um einen Tag, falls unser Abflug aus Kanada Verspätung haben sollte. Wir wussten, dass es Amma war, die durch diesen Mann wirkte.

Alle vier bedankten sich abwechselnd bei dem freundlichen Beamten. Unsere Herzen flossen über vor Freude und Tränen liefen über unsere Gesichter.

Wie viele solcher Erfahrungen es schon gegeben hat, die man nicht analysieren oder erklären kann! Als wir die Niagarafälle verließen, forderte Amma uns ohne ersichtlichen Grund auf, anzuhalten. Sonst hätte ich die Grenze in dem Irrglauben erreicht, ich hätte ein gültiges Visum. Als wir angehalten hatten, kontrollierte ich meinen Reisepass. Was wäre, wenn mein Pass erst in der Einwanderungsbehörde kontrolliert worden wäre? Ich hätte sogar ins Gefängnis kommen können, für den Versuch die Einwanderungsbehörde zu „täuschen"!

Einige Leute fragten: „Hätte Amma Sie nicht darauf hinweisen können, dass Sie kein gültiges Visum haben, lange bevor das alles passiert ist?" Solche Zweifel sind nicht unbegründet. Wusste Lord Krishna nicht die ganze Zeit, dass der Kurukshetra-Krieg unvermeidlich war? Warum hat er Arjuna dann nicht gesagt, dass dieser Krieg unvermeidlich ist, egal wie sehr Krishna und die Pandavas versuchen, ihn zu verhindern?

Bei jeder Lebenserfahrung, nicht nur bei dieser einen, von der ich gerade erzählt habe, sondern bei allen, darf man zwei Faktoren nie außer Acht lassen: den begrenzten menschlichen Mind und die unergründlichen Wege des Universums. Man braucht Vernunft und Intelligenz. Trotzdem ist das Leben nicht immer für das menschliche Verständnis einsehbar. Manche Dinge werden immer ein Geheimnis bleiben. Um auch nur einen kleinen Teil der Größe und Komplexität der Funktionsweise des Universums zu verstehen und zu würdigen, brauchen wir Liebe und Glauben.

Die menschliche Intelligenz kann viele Phänomene erklären. Die Essenz des Lebens bleibt jedoch ein Geheimnis für sie. Vielleicht hat Albert Einstein deshalb erklärt: „Das Schönste, was wir erleben können, ist das Geheimnisvolle. Es ist die Quelle wahrer Kunst und Wissenschaft. Wem dieses Gefühl fremd ist, wer nicht mehr innehalten kann, um sich zu wundern und in Ehrfurcht zu verharren, der ist so gut wie tot - seine Augen sind verschlossen."

Im 11. Kapitel der *Bhagavad Gita* offenbart Lord Krishna Arjuna seine kosmische Gestalt. Der Krieger sieht das gesamte Universum, das Belebte und das Unbelebte, das gesamte Sonnensystem, die Galaxien, Himmel und Hölle, die alle im

Körper Krishnas existieren. Die Botschaft der kosmischen Form ist, das Individuum hat keine von der Einheit getrennte Existenz.

Wer kann die Geheimnisse ergründen, welche die unteilbare universelle Macht, als Samen in uns versteckt hat?

Amma sagt: „Einige schwierige Situationen im Leben, können wir lösen, andere können nicht gelöst werden, egal wie sehr wir es versuchen. Wir müssen uns maximal bemühen, wenn wir die Wahl haben, eine Situation zu verändern, und wir müssen Situationen akzeptieren, in denen uns keine Wahl bleibt. Ein Beispiel: Ein Mensch, der versucht, einen halben Meter größer zu werden, dem wird es nicht gelingen, auch wenn er den ganzen Tag kopfüber hängt oder verschiedene Vitaminpräparate einnimmt. In diesem Fall besteht die einzige Möglichkeit darin, die Situation zu akzeptieren und mit dem zufrieden zu sein, was man hat. Es gibt jedoch andere Situationen, wie z. B. das Scheitern bei einem Vorstellungsgespräch, in denen man immer wieder zu Vorstellungsgesprächen erscheinen kann, bis man einen Job bekommt.“

Bestimmte Ereignisse im Leben eines Menschen sind vorherbestimmt; er oder sie muss bestimmte Erfahrungen erleben. Sie sind Geheimnisse, die in den Tiefen des Herzens des Universums verborgen liegen. Keine Macht kann sie ändern. Niemand kann diese vorherbestimmten Ereignisse oder Gegebenheiten ändern. Wenn man jedoch unter dem Schutz einer göttlichen Inkarnation oder eines Satgurus steht, der die universelle Macht verwirklicht hat, kann das, was eigentlich das Auge hätte treffen sollen, so abgewendet werden, dass es stattdessen nur die Augenbraue streift.

Karna, ein Meister im Bogenschießen, hatte seinen Pfeil abgeschossen, und dabei auf Arjunas Hals gezielte. Mit seinem Zeh brachte Lord Krishna Arjunas Wagen dazu, sich abzusenken, und der Pfeil traf Arjunas Krone, anstatt seinen Hals.

Amma verweilt in demselben höchsten Zustand, in dem Krishna, Rama und der Buddha lebten. Sri Ramakrishna Paramahamsa sagte einmal zu Swami Vivekananda: „Naren, (Narendranath war Swami Vivekanandas Name, bevor er Sannyasi wurde) derjenige, der Rama ist, derjenige, der Krishna ist, ist in einer Form in diesem Körper Ramakrishna."

Wenn also jemand fragt: „Wo sind Krishna, Rama und Buddha?" würde ich kategorisch und ohne den geringsten Zweifel sagen: „Sie wohnen hier in Amritapuri, in der Gestalt von Amma, die in die Herzen der Menschen sieht."

Die göttliche Gnade ist eine Manifestation des kosmischen freien Willens, der in Aktion tritt. Sie kann den Lauf der Dinge auf geheimnisvolle Weise verändern. Sie folgt dabei ihren eigenen unbekannten Gesetzen, die allen Naturgesetzen überlegen sind, welche sie beeinflussen und ändern kann. Sie ist die mächtigste Kraft im Universum. Sie steigt zu uns herab und wirkt nur, wenn sie durch völlige Hingabe angerufen wird. Sie wirkt von innen heraus, denn Gott wohnt im Herzen aller Wesen. Sein Flüstern kann nur in einem durch Hingabe und Gebet geläuterten Mind gehört werden.

Der Weise Narada soll Lord Vishnu nach dem einfachsten Sadhana gefragt haben, das man zu Beginn des Kali Yuga ausführen sollte.

nāham vasāmi vaikuṇṭhe
yōgināṁ hṛdayē na ca

madbhaktā yatra gāyanti
tatra tiṣṭhāmi nārada
Weder wohne ich in Vaikuntha (Lord Vishnus Wohnsitz) noch wohne ich in den Herzen der Yogis, oh Narada, ich verweile dort, wo meine Devotees singen.

Rationalisten lachen über sie und Atheisten bringen ihr nur Verachtung entgegen, aber sie existiert. Die göttliche Gnade ist Gott, der in den Bewusstseinsbereich der Seele hinabsteigt.

14 KOMMT SCHNELL, MEINE GELIEBTEN KINDER

Wir haben als Mensch viele Probleme und Begrenzungen. Eine davon ist, dass wir alles nur vom Standpunkt eines gewöhnlichen Menschen aus wahrnehmen können, sogar wenn wir Gott betrachten. Wenn wir über Gott sprechen, nennen wir ihn die alles durchdringende, allgegenwärtige und allwissende unendliche Macht. Manche verurteilen Gott als parteiisch oder grausam. Sie halten ihn für die Ursache allen Kummers und Leids, sowohl auf persönlicher Ebene als auch kollektiv. Der Mind kann nicht anders. Er kann nur zweifeln. Das ist seine Natur.

Unsere Wahrnehmungs- und Handlungsorgane haben tausend und eine Grenze. Dennoch stellen wir sogar Gott, die transzendente Wirklichkeit, in Frage. Krishna, Rama und der Buddha waren alle große spirituelle Meister, die eins mit Gott waren, Gottes bedingungslose Liebe, Allwissenheit und göttliche Schönheit verkörperten. Selbst sie wurden von den Menschen nicht verschonten. Zurzeit ist Amma bei uns. Selbst wenn wir bei der Pada Puja zusehen, wenn wir das Archana rezitieren, wenn wir über sie meditieren oder in Ammas göttlicher Gegenwart sind, stellt unser Mind Fragen und zweifelt. Warum? Weil wir mit unserem begrenzten Verständnis immer wieder vergessen, dass Ammas Wesen unendliche ist. Die physische Schönheit der großen Meister ist ein Schleier, der ihre wahre Natur, Sat-Chit-Ananda, verdeckt.

Es liegt in der Natur des Menschen, dass er nach schnellen Ergebnissen sucht. Wenn jemand mit „Erleuchtung in zehn Tagen" oder „sofortigem Kundalini-Erwachen" wirbt, werden wir dem hinterherlaufen. Es macht uns nichts aus, Hunderte oder gar Tausende von Dollar für solche „Erleuchtung" und „Erweckung" auszugeben.

Dabei verlieren wir unseren gesunden Menschenverstand. Wir sind so gut darin, alles im Leben zu planen und zu managen, von großen Aufgaben bis hin zu Routineangelegenheiten wie unser Frühstück, Mittagessen, Abendessen, Ausflüge, Urlaube usw. Aber wenn es um Spiritualität und spirituelle Praktiken geht, handeln wir unintelligent. Wir hören nicht darauf, was die Schriften sagen, was die großen Weisen und Seher sagen.

Wenn Verwirklichung und permanentes Glück so leicht zu erreichen wären, warum haben sich dann die großen Heiligen und Weisen - die uns all die umfassenden Schriften über die ultimative Erfahrung der Verwirklichung Gottes schenkten - die Mühe gemacht, jahrelang strenge Entsagung auf sich zu nehmen? War Buddha ein Narr, auf alle königlichen Privilegien und Bequemlichkeiten zu verzichten, um Nirwana zu erreichen? War Ramana Maharshis beschwerliches Tapas im Pathala Lingam, einem unterirdischen Gewölbe, sinnlos? Waren Sri Ramakrishnas intensive Sehnsucht und seine ständigen Gebete zu Mutter Kali ein sinnloses Drama?

Was ist mit Ammas jahrelanger intensiver Meditation, den Gebeten, dem Rezitieren und dem Verzicht auf Essen und Schlaf als kleines Mädchen? Selbst Sri Krishna und Sri Rama haben meditiert, Gelübde und spirituelle Praktiken befolgt. In Anbetracht all dessen, von was für einer „sofortiger Erleuchtung und Kundalini-Erweckung" reden die selbsternannten Gurus da?

Amma garantiert die Selbstverwirklichung in drei Jahren, vielleicht sogar in noch kürzerer Zeit, vorausgesetzt, wir folgen strikt ihren Anweisungen, unfehlbar und mit absolutem Vertrauen. Aber es bedarf unserer Bemühungen. Am Ende erkennen wir jedoch, dass selbst diese Bemühung nicht notwendig war, weil wir von Anfang an nie von Gott getrennt waren.

Alles, was Amma möchte, ist die selbsterschaffene Mauer in uns zu durchbrechen. Unser Ego ist uns lieb und teuer. Wir hängen sehr daran, während ein Satguru wie Amma es liebt, Egos zu zerstören. Sie versucht ständig, zumindest einen Riss in ihm zu bewirken. Sie weiß, dass wenn ein Riss entsteht, Liebe und Licht herausströmen könne. Dann wird der ganze Prozess der Selbstentfaltung zu etwas Leichtem.

Wir haben mit unseren eigenen Anschauungen über das Leben, die Liebe, die Welt, das Wissen usw. gelebt. Die Begegnung mit einem Satguru wie Amma ist der Anfang unseres Weges auf dem Pfad der Reinheit und der Transformation unseres Selbst. Es ist der Beginn unserer Reise nach innen. Damit diese Reise erfolgreich verlaufen kann, müssen wir unsere angesammelten, falschen Konzepte über das Leben, die Liebe, die Welt, das Wissen und generell alle angesammelten Informationen loslassen. Amma sagt ihren Kindern liebevoll: „Meine geliebten Kinder, ihr braucht nichts von außen. Nichts muss euch gegeben, aber viele Dinge genommen werden."

Das Gesetz des weltlichen Erfolgs und das Gesetz des spirituellen Erfolgs sind diametral entgegengesetzt. Der Erfolg in der Welt hängt von Erwerb, vom Anhäufen von Reichtum ab. Je mehr man erwirbt, desto erfolgreicher ist man. In der Spiritualität hingegen ist Verlieren das Gesetz. Man muss sein Ego und die damit verbundenen negativen Eigenschaften verlieren, den sogenannten Schleier, der die Wahrheit der Existenz verdeckt. Man muss *Ajnana* (Unwissenheit) verlieren, um *Jnana* (wahres Wissen) zu erlangen. Mit anderen Worten: Man muss *Asat* (das, was nicht das wahre Selbst ist) aufgeben, um *Sat* (das wahre Selbst oder Atma) zu erhalten.

Selbst um weltliche Dinge zu erlangen, muss man viele Dinge opfern, die einem lieb und teuer sind.

Ich möchte Amma zitieren: „In Vorbereitung auf die Abschlussprüfungen kann sich ein Schüler nur dann auf das Lernen konzentrieren und gute Noten erzielen, wenn er das aufgibt, was er für gewöhnlich tut: fernsehen, ins Kino gehen, sich mit Freunden treffen, spielen und andere Arten von Unterhaltung. Etwas von geringerer Bedeutung aufzugeben, um ein höheres Ziel zu erreichen, ist sogar in der Welt normal. Was soll man dann erst über die höchste aller Errungenschaften, die spirituelle Verwirklichung, sagen?"

Bislang haben wir unser Leben so gelebt, dass wir die zahlreichen Dinge, die wir in der Welt angesammelt haben, als wertvoll betrachteten. Das war für uns der wahre Schatz. Diese Wahrnehmung sollten wir korrigieren. Wir brauchen dringend eine Operation für dieses *Ajnana Timiram*, den Grauen Star der Unwissenheit. Die Operation ist mit einigen Schmerzen verbunden. Aber nur wenn wir Amma erlauben, alles

Unerwünschte auszuspülen, wird der verborgene spirituelle Schatz, der in uns versteckt liegt, auftauchen.

Gurus, die behaupten, Erleuchtung zu schenken, lassen einen vielleicht alle Ego-Verschönerungen, die falschen Anschauungen und Konzepte, die man angesammelt hat, behalten. Den meisten Menschen gefällt das, denn das ist es, was sie wollen, wenn auch unbewusst. Wenn man darauf bedacht ist, seine Wünsche und Erwartungen zu erfüllen, ist es ganz natürlich, dass man bei einem „Meister" landet, der zu allen Wünschen „ja" sagt. Ein wahrer Meister hingegen schenkt unseren Erwartungen keine Beachtung, besonders wenn unser Ziel die Selbstverwirklichung ist.

Das Bedauerlichste ist, dass diejenigen, die auf der Suche nach Freiheit sind, ein leichtes Opfer für betrügerische Gurus werden. Ihre Versprechungen verstricken einen immer mehr in die Fesseln von falschen Vorstellungen von Spiritualität und der Verwirklichung von Gott.

Zur Erinnerung: Man kann jeden der Wege wählen, aber ohne Liebe funktioniert nichts. Ob Yoga, Bhakti, Karma oder Jnana - welcher auch immer - das gemeinsame Element ist die Liebe.

Deshalb sagt Amma: „Bhakti ist Liebe mit Jnana als Grundlage." Sonst haben wir eine falsche Wahrnehmung von Amma und Spiritualität. Das war auch der grundlegende Unterschied zwischen den Gopis und Radha. Die Gopis hatten Liebe zu Krishna, aber sie hatten kein Jnana bezüglich Krishnas alles durchdringender Natur, während Radhas Liebe zu ihm auf ihrem unerschütterlichen Glauben an seine allwissende Natur beruhte.

Wir sollten nicht die Einstellung haben: „Amma, ich werde nur so lange bei dir bleiben, wie du meine Wünsche und Erwartungen erfüllst und mich glücklich machst. Sonst werde ich gehen."

Diese Haltung würde uns auf unserem Weg nicht weiterhelfen. In der Spiritualität gibt es kein Verhandeln, besonders nicht mit einem Satguru wie Amma. Auf dem spirituellen Weg werden nur reine Liebe und Hingabe alle Geheimnisse lüften.

1983 schickte Amma mich nach Tirupati, Andhra Pradesh, um die Abschlussprüfungen für meinen Master in Philosophie abzulegen. Die physische Trennung von Amma war sehr schmerzhaft für mich. Mein Herz war schwer. Im Zug setzte ich mich in eine Ecke, um meine Tränen zu verbergen. Die anderen Fahrgäste unterhielten sich fröhlich, aber ich war voller Schmerz, von Amma getrennt zu sein. Während der ganzen Fahrt dachte ich an nichts anderes als an sie.

In Tirupati angekommen, versuchte ich, mich aufs Lernen zu konzentrieren, aber es gelang mir nicht. Ich fühlte mich wie ein Fisch auf dem Trockenen. Jeder einzelne Gegenstand, ein Stück Papier, eine Streichholzschachtel, die Schnur, mit der ich die mitgebrachten Pakete verschnürt hatte, die Tasche, der Geruch jedes Gegenstandes erinnerten mich an Amma. Ich vergaß zu essen und zu schlafen. Als die Abschlussprüfungen begannen, schaffte ich es irgendwie alles zu beweltigen. Zur gleichen Zeit erhielt ich einen Brief von Mutter. Ich las ihn mehrere Male und dann las ich ihn noch ein Mal. Von meinen Tränen durchnässt, wurde der Brief feucht. Mutters Brief lautete:

Geliebter Sohn,
Amma ist immer bei dir. Amma hat
nicht das Gefühl, dass du nicht bei
ihr bist. Mein Kind, Amma sieht dein
sehnsüchtiges Herz. Sie kann deine Rufe
hören. Mein Sohn, schau dir die Bäume
an, wie sie im Wind tanzen, lausche dem

Gesang der Vögel, betrachte die Weite
des Himmels, beobachte die funkelnden
Sterne, die Berge, Täler, Flüsse. Sie alle
sind Manifestationen Gottes. Alles in der
Schöpfung ist von Gottes Duft erfüllt.
Sieh Amma in allem um dich herum und
sei glücklich.

In dieser Nacht saß ich draußen vor meinem
Zimmer und beobachtete die Bäume und Pflanzen. Der Himmel war voller glitzernder Sterne,
und die ganze Erde erstrahlte im silbernen Licht
des Vollmondes. Während mir die Tränen über
die Wangen liefen, schlug mein Herz höher. Ich
dachte: „Diese Brise mag zu meiner Amma wehen;
vielleicht hat sie das Glück, den Körper meiner
Amma zu streicheln. Auch der Mond und die
Sterne müssen sich danach sehnen, Amma zu
sehen. Vielleicht sind sie auch auf der Suche nach
ihr." Ich konnte Ammas wunderbaren Duft in der
Brise riechen. Ihre Präsenz war überall spürbar.
Ich begann spontan zu singen:

tārā pathangaḷē tāzhōṭṭu pōrumō
tārāṭṭu pāṭuvān ammayuṇḍu
tīrātta snēhattin nīruravāṇavaḷ

tēṭum manassinu taṇaḷānavaḷ

O Sterne, könnt ihr nicht
herunterkommen?
Amma ist hier, um ein Schlaflied für
euch zu singen.
Sie ist der Fluss der unendlichen Liebe
und Sie ist der schattenspendende Baum
für suchende Wesen.

Als ich nach den Prüfungen mein Zimmer räumte, brachte ich es nicht über mich, die alten Zeitungen zurückzulassen, die ich als Packpapier für Sachen aus dem Ashram benutzt hatte. Genauso erging es mir mit einem Stück einer kaputten Seifendose, den leeren Flaschen, den ausgebrannten Enden der Räucherstäbchen, den Schnüren, mit denen ich die Pakete aus dem Ashram verschnürt hatte, und anderen unbedeutenden Dingen, die eigentlich weggeworfen gehörten. Ich konnte mich nur zu gut erinnern: „Wie groß war mein Schmerz, als ich von Amma getrennt war! Vielleicht teilen auch diese Dinge diesen Schmerz; wenn ich sie hier zurücklasse, werden sie untröstlich sein." Sie schienen mir nicht wie leblose Gegenstände. Also packte ich auch all diese Dinge sorgfältig in meine

Tasche. Amma gewährte mir einen kurzen Einblick, was reine Liebe ist, sozusagen der Zustand des Gopi-Daseins. Wenn ich nur dieses Gefühl hätte beibehalten können, wäre ich ihre Radha geworden - ich meine, völlig eins mit ihr. Ich bin mir sicher, dass es eines Tages geschehen wird.

Es gibt ein Sanskrit-Wort, ‚*Kataksha*‘, „anmutiger Blick". In Ammas *Dhyana Sloka* (Segensvers) wird sie als ‚*Snigdhāpāngavilokinīm Bhagavatīm*‘ (deren liebevolle Blicke Zuneigung erwecken) beschrieben. Das *Sri Lalita Sahasranama* beschreibt Devi als ‚*Katakshakinkaribhoota Kamalaakoti Sevita*‘ (Sie, der Millionen von Lakshmis dienen, ihrem bloßen Blick ergeben).

Dieses Wort ‚*Kataksha*‘ findet man in vielen von Ammas Bhajans. Im Englischen, in dem es im Gegensatz zum Deutschen verschiedene Wörter für „Blick" gibt, könnte man dieses Wort am besten noch mit „glance" übersetzen, anstatt mit „look". Für bestimmte Formen wie sich Menschen ansehen, verwenden wir „Blick", doch tatsächlich ist der „Blick" etwas, das nur Gott, der Guru, tun kann, weil er einer ganz anderen Ebene entspringt.

Es gibt Momente, in denen Amma uns ansieht. Es ist nicht nur ein Blick. Man spürt den

Unterschied. Es ist eine geheime Kommunikation zwischen Amma und dieser einen Person. Niemand sonst ist sich dessen bewusst. Der Blick muss verdient werden. Man muss dazu bereit sein. Wenn sich Liebende verlieben, erhaschen sie einen flüchtigen Einblick in diesen „Blick". Er ist nicht so intensiv oder transformierend wie der Blick des Gurus, aber sie bekommen eine Ahnung von dem Unterschied zwischen einem Blick und einem „Blick".

Um es mit Ammas eigenen Worten zu sagen: „Wenn der Guru den Schüler anschaut, ist es, als ob du von reinem Bewusstsein umhüllt wirst. Der ewige Aufenthaltsort des Gurus ist die höchste Ebene des Bewusstseins, der Zustand von *Shivoham* - ‚Ich bin Shiva'. Wenn der Guru von diesem Gipfel aus mitfühlend auf den Schüler blickt, der sich auf einer niedrigeren Ebene der Existenz befindet, ist die Erfahrung so, als ob dein ganzes Wesen in einem ununterbrochenen Strom mitreißender Gnade badet."

Gelegentlich passiert uns das, wenn wir Amma zum ersten Mal begegnen. Die reine Energie dieses Blicks bleibt in uns. Sobald wir für die endgültige Transformation bereit sind, wird uns der Blick des Gurus in die Ganzheit der Existenz stoßen.

Amma sagt: „Die wahre Guru-Schüler-Beziehung ist der Höhepunkt der Liebe und Verehrung."

Wenn der Schüler eine solche Liebe und Verehrung für seinen Meister entwickelt, teilt die bloße Anwesenheit des Gurus, sogar das Schweigen des Gurus, dem Schüler alles mit. Das ist die Bedeutung von Dakshinamurthy.[11]

Damit dies geschehen kann, sollte der Schüler viel Geduld mitbringen. „Habe Vertrauen, sei vorbereitet und warte geduldig", sollte das Mantra eines Schülers sein. „Geschwindigkeit ist aufregend, aber tötet" solche Straßenschilder, findet man an vielen Orten in Indien. Das ist ein Grundsatz, der nicht nur auf der Straße gilt, sondern auch für das Leben. Wissen erwacht im Innern, aber genauso wie eine Schwangerschaft und Geburt viel Geduld erfordern, so verlangt

---

[11] ‚Dakshinamurthy' bedeutet wörtlich „einer, der nach Süden schaut". Dakshinamurthy ist eine Manifestation von Lord Shiva und wird als der Adi Guru (oder Ur-Guru) angesehen. Er wird gewöhnlich als Junge dargestellt, der unter einem Banyan-Baum sitzt und seinen Schülern durch Schweigen die höchste Weisheit vermittelt.

auch das Erwachen von wahrem Wissen immense Geduld.

Wenn der Schüler Guru Seva ausführt, entwickelt er oder sie eine Identifikation mit dem Guru. Der Körper des Gurus ist das Medium, über das der Schüler Gottes Liebe, Reinheit, Mitgefühl, Geduld, Vergebung, Selbstaufopferung und alle göttlichen Qualitäten wahrnimmt. Der Körper des Gurus ist tatsächlich Gottes Körper, daher ist der Dienst für den Guru von größter Bedeutung.

Ein Schüler, der sich dem Guru völlig hingibt, aber auch ein Schüler, der ein gewisses Maß an Urteilsvermögen besitzt, wird den Guru um nichts bitten. Ein solcher Schüler wird nicht einmal sagen: „Segne mich mit Verwirklichung". Der Glaube an den Guru ist die Grundlage der Beziehung zwischen Guru und Schüler. Der allwissende Guru weiß, was er dem Schüler zu welchem Zeitpunkt vermitteln muss. Aus diesem Grund sollte der Schüler dem Guru vollkommen vertrauen, sein Sadhana tun, dem Guru selbstlos dienen und liebevoll und geduldig darauf warten, dass die Gnade des Gurus zu ihm fließt.

Der Guru ist unendlich. Auch sein Wissen ist unendlich. Es gibt einen berühmten Vers, der den

Guru lobt und wie folgt lautet: „Wenn man die Gnade des Gurus hat, braucht man nicht jeden Zweig des Wissens zu lernen, denn alles Wissen und seine Bedeutung werden von selbst in einem selbst erwachen. Vor den Füßen dieses Gurus verneige ich mich demütig."

Auch wenn einige unter Ihnen die folgende Erfahrung von mir schon kennen, möchte ich sie doch noch einmal mit euch teilen: Es war Guru Purnima. Vor langer Zeit, in den frühen 80er Jahren, hatte ich den intensiven Wunsch, Harmonium spielen zu können, um meinen Gesang zu begleiten, denn ich spürte, dass, wenn ich Harmonium spielen könnte, während ich sang, es mir helfen würde, tiefer hingebungsvolle Stimmung einzutauchen. Ich versuchte es immer und immer und immer wieder. Jeden Tag versuchte ich, das Instrument zu spielen, aber ich war nicht in der Lage, mehr als die Tonleiter rauf und wieder runter zu spielen. Eines Morgens saß ich im Tempel und ging meine üblichen Tonleitern durch. Kurz nachdem ich damit begonnen hatte, kam Amma zu mir und sagte: „Ich werde dich unterrichten." Sie setzte sich neben mich, und wie eine Lehrerin, die einem Kind beim Schreiben des Alphabets hilft, hielt Amma liebevoll meine Finger und drückte sie auf die Tasten. Nachdem sie dies nur ein einziges Mal getan hatte, stand Mutter auf und ging mit den Worten: „Das reicht."

Ich dachte, dies sei nur ein weiterer spielerischer Moment, den Amma geschaffen hatte, ein liebevoller Moment mit Amma. Ich hätte mir nie träumen lassen, dass diese eine Harmonium-,Lektion', die nur ein paar Sekunden gedauert hatte, ein Wunder bewirkt. Am nächsten Tag kam es zu einer Begebenheit, bei dem ich ohne rechtes Urteilsvermögen handelte, weswegen Amma bitterlich mit mir schimpfte. Obwohl ich dachte, dass ihr Missfallen mit der Zurechtweisung enden würde, wurde mir klar, dass sie mich mit Schweigen strafte. Das hielt, wenn ich mich recht erinnere, einige Wochen lang an. Ganz offensichtlich war ich tief betrübt darüber, obwohl die „Lektion" dringend nötig war, damit ich meinen Fehler einsah.

Die Qualen, die ich innerlich durchlitt, inspirierten mich dazu, ein Lied zu schreiben. Während ich den Text schrieb, kam mir gleichzeitig die Melodie in den Sinn. Kurze Zeit später war das Lied fertig geschrieben und vertont. Ich spürte den starken Drang, es auf dem Harmonium zu spielen. Es war, als würde mich jemand bitten, es zu spielen. Ich setzte mich hin und versuchte es. Zu meinem Erstaunen stellte ich fest, dass ich spontan die richtigen Tasten drückte. Ich konnte nicht glauben, dass es möglich war, ein solches Können in so kurzer Zeit zu entwickeln. Aber ich wusste, dass es Ammas Gnade war, die durch meine Finger floss. Es war Ammas göttliche Berührung gewesen, die mich in die Lage versetzte, das Instrument zu spielen und damit meinen Wunsch erfüllte. Das war die Geburtsstunde des Liedes *Nilambuja Nayane.*

> *nīlāmbuja nayanē ammē nī ariññō*
> *ī nīrunna cittattin tēngalukaḷ*
> *ētō janmattil cēytoru karmattāl*
> *ēkāntanāyi ñān alayunnu*

Oh Mutter mit den blauen Lotosaugen, willst Du nicht das Schluchzen dieses leidenden Herzens hören? Vielleicht wandere ich aufgrund der Taten eines vergangenen Lebens allein umher.

Einfach in Ammas Gegenwart zu sein, ist Tapas. Wir sind uns dessen vielleicht nicht bewusst, aber es reinigt uns, erhebt uns und bringt uns näher zu Gott, unserem wahren Selbst. Jeder Moment, den wir mit Amma verbringen, ist wie ein weiterer Schritt in Richtung des Ziels.

In der Tat ist es nicht richtig zu behaupten: „Der Schüler sucht den Guru". In Wirklichkeit ist es genau umgekehrt: „Der Guru sucht den Schüler". Warum? Weil der Pfad der Selbstverwirklichung und ihre ultimative Erfahrung dem Schüler völlig unbekannt sind. Daher hat der Schüler nicht die Weisheit, den Guru zu suchen, der immer eins mit dem reinen Bewusstsein ist. Wie kann der Unwissende reines Wissen suchen? Wie kann das Leid, die vollkommene Glückseligkeit suchen? Also sucht der Guru den Schüler. Wenn der Schüler aufrichtig und dem Guru gegenüber gehorsam ist, den Lehren des Gurus zuhört und sie unfehlbar ausführt, indem er sein Sadhana nach der Anweisung des Gurus ausübt, dann werden zweifellos im Leben des Schülers Wunder geschehen, während er auf seinem Weg zur Selbstverwirklichung voranschreitet.

In unserer völligen Unwissenheit versuchen wir, die Handlungen Gottes mit unseren begrenzten geistigen und intellektuellen Fähigkeiten zu beurteilen. Wir bleiben in unserer kleinen Welt des Verstehens und sind stolz darauf, dass wir das Unermessliche messen können, während Gott mit einem Fingerschnippen alle unsere Auffassungen vom Leben und von der Welt zerstört. Wir sehen alles auf dem Kopf stehend.

Ich möchte hier Lord Krishna aus der *Bhagavad Gita* zu zitieren:

> *ūrdhva-mūlam adhaḥ-śākham*
> *aśvattham prāhur avyayam*

> Sie sprechen von einem ewigen,
> unvergänglichem Aśhvatth Baum
> (Samsara Baum), dessen Wurzeln oben
> sind, dessen Äste nach unten zeigen (15.1)

Dieser umgedrehte Baum ist eine Allegorie. Aus einem winzigen Samen entsteht ein riesiger Banyan-Baum. Er wächst und verzweigt sich fast wie ein Miniaturwald. Einige Äste senken sich so tief ab, dass sie den Boden berühren. An ihnen bilden sich weitere Wurzeln. Diese wachsen tief in die Erde, aus der weiterer Äste entspringen.

Ähnlich verhält es sich mit dem Mind und seinen zahlreichen Gedanken und Gefühlen. Jeder von uns trägt einen riesigen Samsara-Baum in sich.

Wenn wir in einen Teich oder See schauen, sehen wir das Spiegelbild des Ufers und der Bäume. Was wäre, wenn wir die Spiegelung als real betrachten und dabei die echten Bäume vergessen? Das ist unser gegenwärtiger Zustand. Wir haben unsere wahre Natur vergessen.

Ganz gleich, wer wir sind, ob reich oder arm, gebildet oder ungebildet, gesund oder krank, wir sind alle in diesem umgedrehten Samsara-Baum verstrickt. Wir sehen unsere Existenz nie so, wie sie wirklich ist weder Anfang, Mitte noch Ende sehen wir. Es ist in der Tat eine gigantische Illusion, die durch unsere ewige Unwissenheit unsere wahre Natur, Realität geworden ist.

Wir leben einfach unser Leben in einer endlosen Aneinanderreihung von Anziehungen, Wünschen, Handlungen, Ergebnissen und wieder weiteren Wünschen. Mitfühlend bietet Amma uns an, uns aus diesem verblendeten Zustand zu erheben.

Es gibt einen berühmten Vers in der *Bhagavad Gita*. Es ist Tradition, diesen Vers am Ende eines jeden Kapitels zu rezitieren.

sarvadharmān parityajya
mām ēkam śaraṇam vraja
aham tvām sarva pāpēbhyō
mōkṣayiṣyāmi mā śucaḥ

Gib jegliches *Dharma* auf, gib dich alleine mir hin. Ich werde dich von allen Sünden befreien; habe keine Angst. (18.66)

So wie dies Krishnas Versprechen an die Welt und an seine Devotees, so ist dies auch Ammas Versprechen an ihre Kinder: „Meine geliebten Kinder, Ammas Liebe zu euch ist unendlich. Amma kümmert sich um jeden einzelnen von euch, ohne irgendwelche Erwartungen. Lernt, euch hinzugeben. Amma wird euch aus dem Ozean des Leidens (Samsara Sagaram) befreien.“

Arjuna war bezüglich seines Dharmas verwirrt. Deswegen dachte er, der bevorstehende Krieg sei *Adharma* (ungerecht). An der Kriegsfront verhielt er sich zunächst wie ein Feigling und wollte fliehen. Doch Krishna, der vollkommene

Meister, gab ihm Mut und half ihm die Situation zu richtig zu erkennen. Er vermittelte Arjuna das höchste spirituelle Wissen und lehrte ihn, das ganze Geschehen von einer höheren Bewusstseinsebene aus zu betrachten. Durch die Erkenntnisse, die Arjuna unter durch Krishnas Anweisungen gewannbesann er sich wieder. Er erkannte, der Krieg ist nicht seine Wahl war, sondern vorherbestimmt. Diese Überzeugung half Arjuna, eine Haltung der Selbstaufgabe anzunehmen und die Situation zu akzeptieren. So konnte er sein volles Potenzial nutzen, ohne Schuldgefühle zu haben oder sich Selbstvorwürfe zu machen.

Mögen wir fähig sein, Amma wirklich zu sehen. Mögen wir fähig sein, Amma wirklich zu hören. Mögen wir fähig sein, Amma wirklich zu spüren. Mögen wir fähig sein, Amma wirklich zu lieben, und mögen wir fähig sein, Amma wirklich zu erfahren.

Amma ruft uns zu: „Geliebte Kinder, kommt schnell. Ihr seid die Essenz des ewigen OM." Jeder von uns ist ein „Liebling" Gottes, Ammas und ein „Liebling" der Welt. Wir alle können so viel beitragen.

Wir müssen nur unser inneres Potenzial erwecken und leben. Vergessen wir nicht, jeder von
uns ist wichtig. Unser Leben zählt. Wir können
einen Unterschied in dieser Welt bewirken.

Lasst uns beten:

O Amma,

Möge dein mit Gnade erfüllter Blick mir
helfen, alle Situationen des Lebens mit
Freude anzunehmen.

Möge dein mit Gnade erfüllter Blick
mir helfen, meine Pflichten liebevoll und
selbstlos zu erfüllen nichts als lästige
Pflicht zu betrachten.

Möge dein mit Gnade erfüllter Blick
mir helfen, nicht in der Vergangenheit
oder der Zukunft zu leben, sondern im
gegenwärtigen Augenblick zu leben.

Möge dein mit Gnade erfüllter Blick mir
helfen, die dringende Veränderung in mir
zu zulassen, und mich nicht mehr darauf
zu konzentrieren, andere zu verändern.

Möge dein mit Gnade erfüllter Blick mir
helfen, in allen Lebenssituationen immer
zufrieden und glücklich zu bleiben.

Aum Tat Sat – Das ist die Wahrheit.